Die Magie der schönen Worte

W0175281

Achim Schwarze

Die Magie der schönen Worte

Alles über Komplimente

 Eichborn.

Achim Schwarze, geboren 1958, lebt und arbeitet in Berlin. Er hat eine Reihe humorvoller Betrachtungen und bewährter Ratgeber veröffentlicht, u. a. »Beim nächsten Krach wird alles anders«, »Männertypen« und »Alles über Kontaktanzeigen«.

Die Deutsche Bibliothek — CIP-Einheitsaufnahme

Schwarze, Achim:
Die Magie der schönen Worte : alles über Komplimente /
Achim Schwarze. — Frankfurt am Main : Eichborn, 1994
ISBN 3-8218-3329-7

Umschlaggestaltung: Rüdiger Morgenweck
unter Verwendung einer Illustration von Martina Fosshag.
Gesamtherstellung: Fuldaer Verlagsanstalt GmbH, 36003 Fulda.
ISBN 3-8218-3329-7

Verlagsverzeichnis schickt gern:
Eichborn Verlag, Kaiserstraße 66, D-60329 Frankfurt/Main.

Inhalt

Einleitung

- Wie »funktionieren« Komplimente?
- Was »bringen« sie im Alltag?
- Wie kann man mehr Komplimente bekommen?
- Wie kann man ein aufrichtiges von einem falschen Kompliment unterscheiden?
- Was sind die Lieblingskomplimente von Männern und Frauen?
- Was sollte man lieber nicht sagen?
- Kann man ehrliche Komplimente lernen?

Diese und viele andere Fragen über die Magie der schönen Worte haben mich schon immer fasziniert. Daß ich gerade jetzt ein Buch darüber geschrieben habe, liegt daran, daß mir in den letzten Jahren überall ein neues Interesse an Komplimenten aufgefallen ist. Die Leute beschäftigen sich mit dem Thema, und dieses Interesse ist nicht auf eine bestimmte »Szene« beschränkt.

Also habe ich aufgeschlossene Menschen aus allen Altersgruppen und Schichten gesucht, um mich mit ihnen eingehend darüber zu unterhalten.

Für viele Monate waren Charme und Schmeichelei mein einziges Gesprächsthema – es wurde mir trotzdem nie langweilig. Viele der Frauen und Männer, die ich bei den Interviews für meine Bücher »Fremdgehen« und »Alles über Kontaktanzeigen« kennengelernt hatte, haben mir auch diesmal durch ihre Erfahrungen und Meinungen weitergeholfen.

Ich unterhielt mich mit 152 Frauen und 74 Männern über Komplimente und habe mich bemüht, die Essenz dieser Gespräche in ein unterhaltsames Buch zu verwandeln. Es ist ein Buch für alle geworden, die ehrliche und fantasievolle Komplimente bekommen oder machen möchten. Ich wünsche mir, daß es gele-

sen wird als eine Anregung für den aufmerksameren
Umgang miteinander – im Privatleben und am Arbeitsplatz.

Der Trend zum Kompliment

Charme als neuer »Lifestyle«

Nette Worte an der Kasse im Supermarkt; charmante
Bemerkungen im Büro; Schmeicheleien zu Hause,
auf Partys oder abends in den Clubs: Mit wachsender
Begeisterung entdecken Frauen und Männer die Magie der schönen Worte. Sie suchen nach neuen Formen und Formulierungen. Sie probieren und genießen. Komplimente werden zu einem wichtigen Be-
standteil ihres »Lifestyles«.

Der Trend zum Kompliment ist unverkennbar. Endlich!

Wenn Frauen sich über Männer unterhalten, erzählen sie gern – und nicht ohne Stolz –, wer ihnen welches Kompliment gemacht hat und wie. Sie schwärmen von fantasievollen Charmeuren, denen immer
ein paar überraschende Nettigkeiten einfallen – und
dies sogar *ohne* Hintergedanken. Selbst der coole
Sonnenbrillentyp aus der Jeansreklame, lange Spitzenreiter unter den Traummännern, schneidet nicht
mehr besser ab als der Mann mit den überzeugenden
Schmeicheleien.

Man(n) macht Komplimente – frau bekommt sie?
Ja – aber nicht *nur*, denn die althergebrachten Ge-
schlechterrollen gelten nicht mehr viel. Ganz unver-
krampft machen Frauen auf der aktiven Seite mit,
und die Männer schlagen etwas verlegen die Augen
nieder.

In der Clique spricht man davon, in Zeitschriften liest man darüber: das tägliche, selbstverständliche Kompliment. Noch ist es bei vielen eine Sehnsucht. Erst allmählich verbreitet sich die Kunst, überzeugende Komplimente zu machen und charmant darauf zu reagieren. Doch schon jetzt stehen Frauen und Männer mit einem ausgeprägten Sinn fürs Nette überall hoch im Kurs, denn nichts ist angenehmer als die Gesellschaft von Menschen, die das Klima in ihrer Umgebung positiv aufladen.

Die anderen fragen sich: »Was kann ich machen, um da mitzumischen?« – denn die Vorteile möchte man sich nicht entgehen lassen.

Ganz so einfach geht es nicht, denn mit dem Trend sind die Qualitätsansprüche gestiegen. Mit hohlen Phrasen oder einer »Masche« ist nicht mehr viel zu holen, auch wenn sich manch einer noch etwas schwer mit dieser Erkenntnis tut und – vergeblich – auf unverbrauchte »Zauberformeln« hofft.

Andere haben die Zeichen der Zeit richtig verstanden. Mit einer großen Portion Kreativität und der richtigen Einstellung entwickeln sie ihre individuelle »Kompliment-Sprache«, und manchmal staunen sie selbst über die Vorteile, die sie dadurch jeden Tag erfahren.

»Ich hab ein Recht auf Komplimente!«

Motor der Veränderung: die Frauen. Sie wünschen sich nicht nur mehr Komplimente, sie *verlangen* sie ganz selbstbewußt. Und haben sie nicht ein Recht darauf? Schließlich sind sie es doch auch, die zunehmend selbst Komplimente machen.

Warum warten, hoffen und sich dankbar mit gelegentlichen Phrasen begnügen? Moderne Frauen sehen ihr Bedürfnis nach Komplimenten so unkompliziert wie Brigitte, eine 33jährige Designerin: »Ganz einfach: Mir macht es Spaß, Komplimente zu bekom-

men. Also will ich welche. Und zwar viele und gute.
Punkt.« Und wenn sie selbst charmant sein möchte,
dann ist sie es eben. »Und ich bin es oft.«

Das Ende der Verteufelung des »Netten«

Viele Männer sind ratlos. Sie würden gern charmanter sein, aber sie wissen nicht, wie.

Woher sollten sie auch? Es gibt keine Vorbilder, an
denen man sich orientieren könnte. Im Gegenteil: der
»nette« Mann galt jahrelang als Verlierer. In der kalt-
schnäuzigen Yuppie-Kultur der 80er Jahre kam das
Nette ganz aus der Mode. Man bewunderte Egoma-
nen und Manipulatoren. Als »cool« und »gnadenlos«
mußte man gelten, um »angesagt« zu sein. Jeder de-
signte sich so gut es ging zum abgebrühten Zyniker
ohne Illusionen. Irgendwo durfte er auch einen Tick
haben, aber bitte einen exotischen. Es war verpönt,
Charme zu besitzen – außer er stünde direkt im
Dienst von Sex oder der Manipulation menschlicher
Marionetten.

»Wetten, daß ich sie rumkriegen kann?« Jetzt un-
barmherzig den Marktwert taxieren, dann die Reso-
nanz kalkulieren, und schließlich ziehen wir eine raf-
finierte Masche ab.

Mit aufrichtigen Schmeicheleien hätte man sich
blamiert.

Und wie reagierte die coole Frau auf Komplimente,
ganz gleich ob ehrlich oder verlogen: Sie nahm sie un-
gerührt entgegen.

Diese Zeiten sind glücklicherweise vorbei. Auch
den coolsten Typen wird es im Eisfach irgendwann zu
kalt.

Was Komplimente für uns tun können

Klimaverbesserung

So verschiedenartig Komplimente auch sein können, im Kern sagen sie alle — auf eine indirekte, unaufdringliche und lockere Art — das gleiche: »Ich interessiere mich für dich. Ich finde dich sympathisch. Ich möchte ein angenehmes Verhältnis zu dir haben.«

Man staunt, wie tiefgreifend diese Einstellung jede Art von Beziehung beeinflußt: Die Atmosphäre wird viel entspannter, man kann sich plötzlich ganz anders unterhalten, alle Beteiligten fühlen sich wohler und werden insgesamt offener — öffnen sich.

Warum?

- »Ich habe das Gefühl: Da sagt mir einer was Nettes, weil er mich mag, wie ich bin.«
- »Ist doch toll, wenn man akzeptiert wird!«
- »Das nimmt mir die Unsicherheit.«
- »Ich fühle mich stark — auch wenn ich ein bißchen verlegen werde.«
- »Du kriegst das Gefühl der Nähe. Man hat viel mehr Lust, mit so jemandem zusammenzuarbeiten.«

Wer Komplimente macht, betreibt eine Art emotionalen Umweltschutz, weil er die Atmosphäre seiner gesamten Umgebung positiv beeinflußt.

Kann man seine schlechte Laune durchhalten, wenn man gerade etwas Charmantes gesagt bekommen hat? Möchte man sich nach einem ehrlichen Kompliment noch streiten?

Nur Diplom-Holzklötze können unbeeindruckt bleiben, wenn jemand sie mit schönen Worten »gut draufbringen« will. Alle anderen fühlen sich bestärkt, beschwingt, beflügelt und motiviert.

Schöne Worte scheinen so eine Art Psychodroge für jede Gelegenheit zu sein. Man fühlt sich gut, man wird lockerer, kann besser kommunizieren und bringt obendrein mehr Leistung – und das alles umsonst und ohne lästige Nebenwirkungen.

»Es geht mir unter die Haut.«
»Wie fühlen Sie sich, wenn Sie gerade ein Kompliment bekommen?«
Die meisten Frauen müssen spontan lächeln. »Man freut sich halt« und ist ein bißchen verlegen. Außerdem: »Ist manchmal auch ziemlich witzig, was die Jungs sich so ausdenken.« Die einen findet man amüsant, die anderen werden ausgelacht. Wenn Männer ein Kompliment bekommen, lächeln sie auch, aber »erst nach einer Schrecksekunde«. Sie sind so überrascht, ganz »unverdient« nett behandelt zu werden, daß sie erst mal kurz darüber nachdenken, ob man hier nur einen Spaß mit ihnen treibt. Nächste Reaktion: »Ich fühle mich natürlich geschmeichelt.« Das klassische Erröten ist bei Mädchen sehr verbreitet – unabhängig vom Alter, denn Helga, immerhin 51, erzählte mir, daß sie »noch immer ziemlich heiße Ohren« bekommt, wenn ihr Mann sie »mit einem Kompliment kalt erwischt«.

Auch scheint die Neigung zum allgemeinen Erglühen zuzunehmen, wenn »andere das Kompliment mitgekriegt haben«.

Immerhin bleibt Helga jenes Herzrasen erspart, das Teenager spätestens dann befällt, wenn sie für den Urheber der Schmeichelei heimlich schwärmen.

Männer erröten nicht, wenn ich den weiblichen Beobachtungen glauben darf, sondern »sie werden blaß«. Sie müssen wohl erst hinter sich bringen, was bei Norbert, 28, zwei volle Monate gedauert hat: »Das mit dem Komplimentekriegen will erst mal gelernt sein.« Als der sportliche Bauingenieur seine

Freundin kennengelernt hatte, war er erst mal verdutzt. Sie überschüttete ihn förmlich mit Nettigkeiten. »Das kannte ich bis dahin gar nicht.« Inzwischen hat er sich daran gewöhnt: »Ich könnte nicht mehr ohne.«

Sie hat ihn unheilbar verzogen.

»Wenn Komplimente total überraschend kommen« oder »wenn ich jemanden sehr, sehr sympathisch finde«, dann wallen bei Mann wie Frau Gefühle auf, wie man sie, natürlich viel stärker, vom Verliebtsein kennt.

Anke, eine 22jährige Wirtschaftsstudentin und nach eigener Aussage der »besonders romantische Typ«, meint, sie sei von einem guten Kompliment »ein bißchen hypnotisiert. Und es kribbelt auch im Bauch.«

Natürlich bleiben derart spektakuläre Wirkungen den Frauen und Männern vorbehalten, die von den genau Richtigen die genau richtigen Komplimente bekommen.

Eine »eigenartige Mischung von Gefühlen« erlebt Ariella, 18, wenn man ihr ein Kompliment macht. »Einerseits fühle ich mit großartig und überlegen, andererseits macht mich sowas auch ein bißchen verlegen und unsicher. Da weiß ich echt nicht, wie ich das finden soll.« Bis sie sich dann entscheidet, die wohlige Verunsicherung zu genießen.

Sieht man einmal von Ausnahmen wie Helga ab, kann man sagen: Je älter man wird oder je mehr Komplimente man bereits bekommen hat, desto weniger neigt man zur Verlegenheit. Renate, eine vornehme Frau Mitte 60, bis vor kurzem Witwe und gerade frisch verheiratet, erzählt mir: »Ich habe mein ganzes Leben lang Komplimente bekommen, aber wirklich verlegen? Naja, als ich meinen jetzigen Mann kennengelernt habe und er mir richtig verliebte Komplimente gemacht hat . . . – da ein bißchen.«

Wer wird gern schwach?

»Ich bin so schrecklich naiv manchmal! Wenn mir ein Mann die richtigen Sachen ins Ohr säuselt, kann mich nur noch meine Freundin Betty von einem Fehler abhalten.«

Muriel, kaufmännische Angestellte Mitte 20 und »immer noch auf der Suche nach dem Traummann«, macht es den Männern vergleichsweise leicht − oft *zu* leicht.

So bereitwillig wie sie lassen sich sonst nur Männer um den Finger wickeln. Wenn sie ein Kompliment von einer Frau bekommen, interpretieren sie regelmäßig viel mehr an »ernsthaftem Interesse«[*] hinein, als eigentlich gemeint war − und verhalten sich entsprechend. *Das* kann für die gutmütig charmanten Frauen sehr lästig werden.

Zugeknöpft geben sich Männer nur, wenn sie von anderen Männern Komplimente bekommen. Mit Körben sind Frauen deutlich freigiebiger. Von einigen meiner weiblichen Gesprächspartnerinnen hingegen hatte ich den Eindruck, daß sie nicht nur »unter gewissen«, sondern unter den meisten Umständen sehr abweisend auf schöne Worte reagieren.

Ein extremes Beispiel gibt Gela. Die 37jährige Sachbearbeiterin entspricht mit ihren kurzen, hennagefärbten Haaren und dem restlichen Outfit vielen männlichen Vorurteilen von der »Emanze«. Sie haßt »diese Chauvies und Casanova-Typen, die glauben, sie könnten einen vollschleimen und dann aufreißen.«

Glaubt sie denn nicht, daß es auch an ihr etwas gibt, für das man ihr ein *aufrichtiges* Kompliment machen könnte?

---

[*] Im Unterschied zu der Mehrheit der Frauen meinen sie damit erotische Ambitionen, während Frauen Charmeuren gern fälschlich unterstellen, ihre Persönlichkeit zu bewundern.

Sie zögert ein wenig und sagt dann: »Doch, sicher. Aber dazu muß man mich länger kennen.«

Hoffentlich hält der eine oder andere Birkenstock-Sandalen-Kenner durch, bis er etwas Sympathisches an dieser Frau entdeckt.

Gelas Komplimentfeindlichkeit und Muriels unkritische Offenheit sind die Ausnahme. Die meisten Frauen und Männer nehmen Komplimente gern entgegen, allerdings mit der Einschränkung: »Kommt ganz drauf an, von wem es gemacht wird.«

Für Thea, 52, geschieden, steht Sympathie an erster Stelle: »Wenn ich einen Mann toll finde, dann geht mir jeder schöne Satz durch und durch − auch wenn er nicht *besonders* intelligent ist.« Aha. »Normal« reicht aus.

Sollte sie sich für den Mann nicht von vornherein interessieren, dann »muß er sich schon ein verdammt gutes Kompliment ausdenken.« Findet sie ihn langweilig, »kann er bringen, was er will.«

Ist einem ein Mensch eher unsympathisch, reagiert man spröde auf seine Schmeicheleien. Andererseits unterschätzen viele Frauen und Männer die Magie der schönen Worte. Sie halten sich für unzugänglich und sozusagen »charme-resistent«. Aber sind sie es auch?

Zwischen 80 und 95% der Bevölkerung sind sich sicher, die Methoden der Reklame zu durchschauen und deshalb unempfindlich für die geheime Verführung durch Fernsehspots und Anzeigen zu sein. »Alles durchsichtige Tricks.« Diese Selbsteinschätzung steht in krassem Gegensatz zu den meßbaren Effekten von Werbung.

Der gute Wille ist ja vorhanden, diese oder jene Person standhaft abzulehnen. Doch es fällt schwer, diese Einstellung konsequent durchzuhalten. Christine, eine Sekretärin um die 40, warf es leicht aus der Spur, als ein »langweiliger, eher unsympathischer«

Arbeitskollege ihr über längere Zeit Nettigkeiten sagte und dabei zurückhaltend genug blieb. »Für mich war er immer nur der . . . – naja, der Mann, der die Kundenanfragen beantwortet.«

Irgendwas brachte ihn dazu, charmant zu werden. Christines Reaktion: »Ich wollte nicht unhöflich sein, und irgendwie bekam ich in kurzer Zeit ein richtig herzliches Verhältnis zu ihm.«

Sowas passiert öfter. »Ich habe ihn mit anderen Augen gesehen« oder »Das hätte ich ihr nie zugetraut« sind Sätze, die in meinen Gesprächen häufiger gefallen sind. Mag sein, daß aus zweien, die sich nicht riechen können, auch durch Komplimente nicht gerade dicke Freunde werden. Aber ein entspannteres Miteinander hat sich doch fast immer dabei entwickelt. Und wer könnte auch bei seiner strikten Antipathie bleiben, wenn man ihm oder ihr immer wieder etwas Charmantes sagt?

Charmant sein macht Spaß!

»Gute Komplimente? Anstrengend! Richtig Arbeit«, meint Mathias, der Taxifahrer mit dem jungenhaften Auftreten, und über das Resultat der Übung sagt er: »Lohnt sich aber!« Nicht wegen der »Eroberungen«, denn Mathias hat die richtige Einstellung zum Kompliment: Es bereitet ihm Spaß, eines zu machen und zu erleben, daß es gefällt. »Reicht doch.« Jedenfalls meist.

Vor allem funktioniert es so, und *nur* so. Stehen die schönen Worte im Dienst der Manipulation, soll mit ihrer Hilfe ein eindeutiges Ziel erreicht werden, strengen sie doppelt an, und am Ende verfehlt man es dann doch um Längen.

Frauen machen mit einer größeren Selbstverständlichkeit Komplimente um ihrer selbst willen. Ich habe

mit keiner Frau gesprochen, die Schmeicheleien als
lästige Pflicht sah oder sich darüber beschwerte, mit
ihnen nicht das Ziel erreicht zu haben, das sie eigentlich verfolgt.

Immer noch sehen viele Männer das Kompliment
als lästige (Pflicht-)Übung an, die »nichts bringt«,
aber nun mal leider von ihnen erwartet wird. Was soll
dabei schon rauskommen?

Ebenfalls wenig Angenehmes wird der einfallslose
Phrasendrescher erleben, der seine Mitmenschen mit
verbrauchten Sprüchen zu »verzaubern« versucht. Er
muß damit rechnen, auf gähnendes Desinteresse zu
stoßen oder sogar zu erleben, daß jemand von der
mangelnden Qualität beleidigt ist.

Doch zurück zu den positiven Aspekten: Eine fast
schon schicksalhafte Komponente vermutet Mathias,
ein an sich vernunftgesteuerter Mittdreißiger: »Wenn
man was Nettes sagt, fällt es auf einen zurück. Vielleicht nicht sofort, aber bald.«

Wer charmant zu den Menschen seiner Umgebung
ist, frönt einer Art von »positivem Egoismus«, denn
er genießt jetzt und später das Lächeln der Beschenkten und die angenehmere Atmosphäre.

Das würden die meisten Frauen und Männer unter-
schreiben, die gern Komplimente machen. »Beide haben was davon«, meint Sarah, 20, und ergänzt:
»Wenn die Männer das endlich kapieren würden, ginge es uns allen schon sehr viel besser.« Vermutlich
muß man es den Herren der Schöpfung mal in Ruhe
erklären.

Wer soll sie bekommen?

Komplimente auf der Straße

Wer erleben will, wie radikal Komplimente das Klima zwischen Menschen verändern können, der sollte einfach mal einem Fremden ein paar charmante Worte sagen.

Marina, eine sozial engagierte Hausfrau mit drei erwachsenen Kindern, macht sich fast schon einen Sport daraus:»Nehmen wir mal an, ich stehe auf irgendeinem Amt in der Schlange. Oder an der Bushaltestelle. Zig Leute dicht an dicht, und jeder tut so, als sähe er den anderen nicht. Ist doch unerträglich!« Durch ein kleines Kompliment kommt Marina mit Leuten ins Gespräch.

Die Angesprochenen reagieren zuerst verwundert und verlegen − »besonders die Männer«. Einen Moment später jedoch tauen sie auf.

»Wir sind es halt gewohnt, daß wir den anderen Menschen völlig schnuppe sind. Auch nach zwei Stunden im selben Raum. Völlig paradox!« Ihr Rezept:»*Ein* Kompliment« − und schon ist eine Beziehung da.

Anonymität, Kälte und Gleichgültigkeit kennzeichnen unseren Umgang mit Fremden. Alle Seiten fühlen sich unwohl dabei. Aber das könnte jeder von uns ändern.

Man muß ja nicht gleich Wildfremde auf der Straße ansprechen. Aber was ist mit den »Fremden«, mit denen wir als Kunden, Lieferanten oder Verkäufer zu tun haben. Und mit den vielen, die uns in Wartezimmern, im Theaterfoyer oder auf förmlichen Veranstaltungen begegnen? Hier erfordert ein Kompliment nicht die ganz große Überwindung − und die erstaunliche Wirkung entschädigt einen für den eigenen Mut.

Noch mal Marina: »Man macht doch überall Zufallsbekanntschaften oder lernt Leute kennen, mit denen man sowieso redet.« Sie fragt sich zu Recht, warum es da so steif zugehen muß.

Ein kleines Kompliment für eine Nebensächlichkeit klärt diese Frage und löst die anfängliche Spannung.

Beste Gelegenheit, es einmal praktisch auszuprobieren: »Überall wo Leute sich gemeinsam langweilen«.

Weil das am naheliegendsten ist, handeln die meisten Komplimente, die man Fremden macht, von »Äußerlichkeiten«. Man bemerkt ein besonderes Schmuckstück, sagt etwas Nettes über die Kleidung oder freut sich über eine Formulierung, die der andere gerade gebraucht hat. Auch über »Ihr ansteckendes Lachen« kann man etwas Charmantes sagen, während »Ich mag Ihr Lächeln« bei empfindlichen Personen schon an die Grenze der Aufdringlichkeit stoßen könnte.

Man muß Fremden genug Raum lassen, allein zu entscheiden, wie es nun weitergehen soll. Möchte er sich unterhalten? Freut er sich vielleicht über weitere Aufmerksamkeiten? Oder will er sich höflich bedanken und dann stur abwenden?

Ohne Fingerspitzengefühl kann es passieren, daß Freundlichkeit mißverstanden wird.

Im Berufsleben

Fremde, von denen man etwas will

Interessenten, Bewerber, Kunden, Lieferanten, Konkurrenten – sie alle sind mehr oder weniger »Fremde«. Aber irgendwie *muß* man eine Beziehung zu ihnen aufbauen, denn schließlich geht es ums Geschäft. Komplimente können entscheidend dabei helfen, mit diesen Personen warmzuwerden.

Robert, 46, ist Personalchef eines mittelständischen

Unternehmens und hat bereits unzählige Einstellungsgespräche geführt. »Ich will wissen, welcher *Mensch* da vor mir sitzt.« Gar nicht so einfach. »Gerade in Rezessionszeiten kommen viele Leute sehr verkrampft in die Vorstellungsgespräche.« Vor lauter Einen-guten-Eindruck-Machen bleiben die eigentlichen Qualitäten im dunkeln.

Robert kann sich gut in seine Bewerber hineinversetzen, denn auch er litt ein halbes Leben lang unter Prüfungsangst. Um die Frauen und Männer auf der anderen Seite des Schreibtisches zu lockern, macht er kleine, unaufdringliche Komplimente. Das bereitet ihm Spaß, und er sagt: »Da kommen die Leute aus sich heraus. Das ist immer ein schöner Erfolg für mich.«

Frauen und Männer bedenkt Robert gleichermaßen mit Komplimenten. Sein Lieblingsthema: »Ich sage, wenn mir eine Formulierung oder ein Gedanke gut gefallen hat.« Das wird von beiden Geschlechtern akzeptiert. »Mir liegen diese ›Super-Krawatte‹-Komplimente nicht, und bei den Damen möchte ich vermeiden, daß sie glauben, bei mir könnte man was mit Kokettieren erreichen.« Themen wie Schönheit oder Figur sind für ihn absolut tabu.

Im Umgang mit Geschäftspartnern, vor allem natürlich bei neuen Kontakten, erweisen sich Komplimente als ein Generalschlüssel zum Erfolg.

Andrea, 37, Marketingexpertin und gelernte Psychologin, arbeitet seit Jahren viel auf Messen und Kongressen. »Da treffen Menschen aufeinander, die Geschäfte miteinander machen wollen. Jeder will bestimmte Ziele durchsetzen. Alle denken in Strategien und Taktiken. Sein Gegenüber sieht man nicht als ›Partner‹, wie es beschönigend genannt wird, sondern nur als Rädchen in einem Firmengetriebe, manchmal auch als Feind.« Andrea spricht von »grauen Firmensoldaten mit Binder«.

»Was da an Kommunikation stattfindet, ist reiner Streß«, zumal alles auf einer rein sachlichen, nüchternen und unpersönlichen Ebene abläuft.

»Besonders in der Anfangsphase, beim Beziehungsaufbau, kann das unerträglich sein.« So unerträglich, daß mögliche Geschäftspartner abspringen.

Die Kunst besteht also darin, die steife, rein geschäftsmäßige Atmosphäre aufzubrechen.

»Dazu sind Komplimente wie geschaffen. Vorausgesetzt, sie sind ehrlich, denn auch die vielgeschmähten Herren im grauen Anzug sind längst nicht so unsensibel, wie man ihnen gern unterstellt.«

Auch der »Firmensoldat« möchte als Mensch gesehen und behandelt werden, nicht nur als Funktionsträger mit Visitenkarten und Aktenköfferchen.

Zum Schluß unseres Gespräches hat Andrea etwas zu den beliebten »Krawatten-Komplimenten« zu sagen: »Wenn es um große Geschäfte geht, schickt die Partnerfirma gleich eine ganze Delegation, ein eingeschworenes Team, das glashart mit uns verhandeln soll. Dann stehen fünf oder sechs Männer um mich herum und unterhalten sich charmant mit mir. Einer wie der andere im dunklen Anzug, alle hellblaues Hemd, alle Krawatte. Da erlaube ich mir immer den Spaß, einem der Herren, aber nie dem Teamleader, ein Kompliment zu machen. – Eine schicke Krawatte haben Sie da. – Unglaublich, was das bewirkt! Die anderen werden sofort unruhig und fangen an, um meine Gunst zu buhlen.«

»Dann werden sie ein wenig menschlicher«, umschreibt Andrea die Unruhe, die sie mit diesem Kniff in die Truppe bringt.

Unter Kollegen

Am Arbeitsplatz müssen wir mit Kollegen auskommen, die andere Meinungen oder andere Arbeitsstile haben. Wir müssen mit ihnen zusammenarbeiten, ob-

wohl wir Konkurrenten sind. Dazu kommen die Kon-
flikte zwischen Vorgesetzten und Untergebenen.
Druck in allen denkbaren Variationen. Ungerechte
Kunden. Launen − eigene und fremde. Inkompetenz.
Mobbing.

Petra, 36, hat eine 50-Stunden-Woche als Artdirek-
torin in einer internationalen Werbeagentur. Ich treffe
sie nach Feierabend, und sie beschreibt mir ihren ner-
venaufreibenden Alltag: »Du hast Termine, aber Mee-
tings werden überzogen. Niemand hört dir zu. Dead-
lines rücken näher. Du mußt dich über irgendeinen
über dir ärgern, der von nichts 'ne Ahnung hat und
dich rumkommandiert.« Ein Glück, daß man die
Fenster im 14. Stock nicht öffnen kann, sonst wäre
die Hälfte der Belegschaft längst gesprungen.

»Und dann macht dir irgendwer ein Kompliment.
Das zieht dich raus aus diesem stressigen Chaos. Nur
ein paar Sekunden vielleicht, aber es tut dir wahnsinnig gut.«

Petra ist glücklich, daß sie mit ein paar Frauen und
Männern zusammenarbeitet, die so gern Komplimente machen wie sie selbst. »Wir sagen uns abwechselnd
was Nettes und bauen uns dadurch auf.« Man hat in
der Gruppe ein Gespür dafür entwickelt, wer jetzt am
nötigsten ein paar freundliche Worte braucht.

Werner, 52, ist Abteilungsleiter in einem Kaufhaus. Er
führt eine Gruppe von acht Verkäuferinnen zwischen
17 und 58: »Ich arbeite seit Jahren überwiegend mit
Frauen zusammen und finde es selbstverständlich,
daß ich auch meinen Mitarbeiterinnen Komplimente
mache.« Sie genießen es und wissen, daß er keine
»komischen Hintergedanken« hat.

Seine charmanten Anmerkungen drücken Respekt
und Anerkennung aus, und Werner sagt von sich, daß
er die Kunst beherrscht, seine Nettigkeiten so »ge-
recht« zu verteilen, daß unter den Verkäuferinnen kei-

ne Konkurrenz entstehen kann. »Jemanden bevorzugen? Das wäre tödlich.« Seine Mitarbeiterinnen sollen miteinander auskommen. »Da braucht es eine fein austarierte Balance.« Genau darin sieht er eine seiner wichtigsten Führungsaufgaben.

Werner erzählt mir stolz: »Bei uns hier herrscht ein ganz anderer Umgangston als in den anderen Abteilungen unseres Hauses. Untereinander und auch den Kunden gegenüber.« Während er dort gelegentlich beobachtet, daß man sich in Frechheit und drastischer Sprache zu übertreffen versucht, hat sein Team innerhalb der Firma den Spitznamen »die Vornehmen« bekommen.

»Wenn eine neue Mitarbeiterin bei uns anfängt, ist sie erst mal ziemlich verunsichert. Aber nach höchstens zwei bis drei Wochen macht sie mit und fühlt sich wohl. Dann ist sie eine von uns.«

Nur in einem Fall war es komplizierter. »Die Kollegin war quasi zu uns strafversetzt worden, weil sie so unfreundlich zu allen war.« Wie nicht anders zu erwarten, weigerte sie sich standhaft, die Einstellung des Teams zu übernehmen. »Aber wir anderen haben uns abgesprochen, sie weiterhin aufmerksam zu behandeln und ihr Nettigkeiten zu sagen.« Nach einer Trotzphase, in der sie versucht hat, einzelne Kolleginnen zu provozieren, gab sie irgendwann ihren Widerstand auf. »Sie fing an, in schnippischen Nebensätzen selbst kleine Komplimente unterzubringen.« Nach drei Monaten war sie wie ausgetauscht.

Wenn man an Seminaren über Mitarbeiterführung teilnimmt, bekommt man in den höchsten Tönen von den Vorzügen des Lobens vorgeschwärmt. Das Kompliment aber wird stiefmütterlich behandelt. Übersieht man sein Potential am Arbeitsplatz?

Werner: »Natürlich lobe ich auch, wo es geht. Das motiviert meine Mitarbeiterinnen, und wer sich ein

Lob verdient hat, der soll es auch bekommen. Aber was mache ich, wenn es nichts Konkretes zu loben gibt?«

Ein Kompliment – denn damit sagt man: »Ich akzeptiere und mag dich, auch wenn du keine großartige Leistung bringst.«

Diese Art der Bestätigung eignet sich auch hervorragend, um die destruktive Wirkung einer Kritik abzufedern. »Ich kenne es doch von mir selbst, wenn *ich* mal was vergeigt habe. Da bleibt nicht viel übrig vom Selbstbewußtsein.«

Wo getadelt oder zusammengestaucht wird, trocknet ein Kompliment so manche Träne. Oft sind es Kolleginnen, die mit ein paar netten Worten zur rechten Zeit die Opfer cholerischer Chefs oder unglücklicher Umstände trösten. Anlässe gibt es an jedem Arbeitsplatz genug.

Ein gutes Beispiel erzählte mir Monika, eine 32jährige Chefsekretärin. Als eines Morgens eine ganz junge und notorisch unpünktliche Kollegin aus dem Büro des Chefs kam und zu heulen anfing, nahm sie sie in den Arm und sagte: »Du kommst zwar ein bißchen oft zu spät, aber dafür beneide ich dich für deinen gesunden, ausgeschlafenen Teint.« Natürlich mußte die eben Gescholtene lächeln und fühlte sich gleich viel besser.

Von oben nach unten

Mitarbeiter beiderlei Geschlechts freuen sich, wenn sie durch das eine oder andere Kompliment von ihren Vorgesetzten das Gefühl bekommen, im Büro nicht nur als anonyme Nummer oder lebendige Schreibmaschine gesehen zu werden. Das Betriebsklima gewinnt, wenn Vorgesetzte mit ehrlichen Komplimenten vom Sockel heruntersteigen und das störende Statusgefälle abbauen. Mitarbeiter verlieren dadurch keineswegs den Respekt, eher im Gegenteil, denn Komplimente aus dem Mund eines Vorgesetzten beweisen dessen Souveränität.

Heikel werden die Komplimente von oben nach unten nur dann, wenn sie aufdringlich sind − oder so empfunden werden.

Von ganz wenigen Ausnahmen abgesehen, muß man hier sagen: Frauen sind die Opfer eines fehlgeleiteten und unsensiblen »Charmes«. Viele Frauen wissen aus leidiger Erfahrung, was es bedeutet, von Kollegen und, schlimmer noch, Vorgesetzten mit Komplimenten »belästigt« zu werden.

Für Michaela, 25, wurden die »charmanten Anmerkungen« ihres Chefs so unerträglich, daß sie ihren Job im öffentlichen Dienst kündigte. »Ich fand seine Komplimente unangemessen und lästig. Sie hatten immer so ein verstecktes Ding mit Sex.« Er sprach es zwar nie deutlich aus, aber auch über Blicke oder die »Art« kann dieser unangenehme Eindruck erzeugt werden.

Am schlimmsten: »Er hörte nicht auf damit.«

Als sie ein Gespräch unter vier Augen suchte, war er beleidigt und gefiel sich künftig in der Rolle, Michaela bösartige Scheinkomplimente in einem »provokant-ironischen Tonfall« zu machen.

Keine Frage, daß jede Art erotischer Anspielungen in Komplimenten von Chef zu Mitarbeiterin nichts zu suchen haben. Aber eigentlich sollten Chefs auf alle Formen von Komplimenten verzichten, die nicht erwünscht werden. Im »normalen« Leben muß ein Mann auch akzeptieren, wenn eine Frau sagt: »Ich mochte ihn nun mal nicht und hatte nicht die geringste Lust, auf so eine Ebene gezogen zu werden.«

Wie kann ein »netter« Chef herausfinden, welche seiner Mitarbeiterinnen was als angenehm empfindet?

Individuelle Grenzen und unterschiedliche Geschmäcker wollen mit viel Feingefühl ausgelotet sein.

Vorsichtiges Vortasten ist hier gefragt, nicht polternde Männlichkeit. Das erfordert Zeit und den Willen, sich mit jeder einzelnen Person eingehend zu beschäftigen. Doch die »Investition« lohnt sich, weil sie das Betriebsklima erheblich verbessern hilft.

Von unten nach oben

Silke, 22, arbeitet in einer Boutique, die von einer jungen und lockeren Geschäftsführerin geleitet wird. Man duzt sich. »Wir haben alle ein kollegiales Verhältnis zu unserer Chefin. Also dachte ich mir nichts dabei, ihr ab und zu ein Kompliment zu machen. Sie hat oft neue Klamotten an oder kommt mit abgefahrenem Schmuck in den Laden. Meine Chefin steht auf meine Komplimente. Sie spinnt dann immer ein bißchen rum, von wegen wie verlegen sie jetzt ist und so. Dann bringt sie selbst auch ein Kompliment raus, und jetzt bin ich dran, verlegen zu tun. Und dann lachen wir uns halb kaputt.«

Ein wunderbares Beispiel, wie man die Atmosphäre bei der Arbeit verbessern kann.

Doch dann sagt Silke: »Bei meinen Kolleginnen kam das allerdings gar nicht gut an. Sie dachten, ich wollte mich einschmeicheln.«

Silke hatte ein besonderes Verhältnis zu ihrer Chefin, obwohl ihre Kolleginnen sie als Gleiche unter Gleichen sahen. Sowas führt immer zu Spannungen.

Silke reduzierte ihre Nettigkeiten. »Was blieb mir anderes übrig?« Sicher hätte es geholfen, auch den anderen Frauen im Geschäft Komplimente zu machen. Doch das fiel ihr zu spät ein.

Auch »oben« können Komplimente lästig werden. Jeder Chef und jede Chefin können von Mitarbeitern berichten, die »nach oben hin schleimen«. Für Vorgesetzte ein vielschichtiges Problem, wie mir die Leiterin einer Buchhandlung mit zwölf Angestellten sagte:

»Man muß nach allen Seiten die Form wahren. Ich muß mir jede −Nettigkeit− anhören und mich höflich bedanken. Denn schließlich gelten Komplimente, wenn sie nicht eindeutig übertrieben sind, als freundlich. Ich kann schlecht sagen: − Lassen Sie mich damit in Ruhe, Sie wollen mir doch nur Honig um den Bart schmieren. − « Das wäre eine böse Unterstellung und Beleidigung. »Ich muß auch darauf achten, daß die anderen Mitarbeiter nicht denken, ich würde diese Person bevorzugen.«

Um bei Komplimenten Richtung Chef den Eindruck zu vermeiden, man wolle sich einschmeicheln, braucht man einiges Fingerspitzengefühl: Nicht zu viele Komplimente, nicht zu dick aufgetragen − das liegt auf der Hand. Die Kunst aber besteht darin, den Vorgesetzten und nicht zuletzt den Kollegen zu signalisieren: »Ich erwarte keine −Belohnung−, außer einem Lächeln vielleicht. Ich will keine Privilegien, sondern nur ein angenehmeres Miteinander im Büro.«

Bei Flirt und Liebeswerbung

Längst sind die Rollen beim Flirten nicht mehr so verteilt wie in den Filmen der 50er Jahre, als ein Mann fünf Komplimente machte und die Frau viermal verlegen lächelnd den Kopf senkte, um dann − artig und vorsichtig − ein kleines Gegenkompliment zu wagen.

»Wenn mir ein Mann gefällt, sage ich ihm das auch − natürlich durch die Blume.« Susanne, 39, flirtet gern, verliebt sich leicht und blickt auf fünf feste Beziehungen zurück. Wenn sie die Initiative ergreift und mit einem kleinen Kompliment losflirtet, wundern sich die Männer zuerst. Kurz darauf überschüttet man sie dann mit schönen Worten. »Als wenn Männer meine Komplimente sozusagen nicht auf sich sitzenlassen wollten.«

Mitunter tun die Herren des Guten zuviel. »Du kommst plötzlich gar nicht mehr zu Wort, so wichtig haben sie's.«

Auch Männer erhalten beim Flirten und Verlieben viele Komplimente, allerdings scheinen manche das nicht richtig zu registrieren. Sie genießen die schönen Worte zwar, aber sie kommen nicht auf die Idee, spielerisch und ermunternd zu antworten. Pech für sie, denn welche Frau hat da schon Lust, sich weitere Schmeicheleien auszudenken?

Das Ping-Pong von Ermunterung und Zurückweisung

Jeder Flirt ist ein Spiel mit Komplimenten, und man kann es endlos in die Länge zu ziehen. Bettina, 27, ist eine wahre Meisterin darin. »Erst mal nicht zuviel Begeisterung zeigen. Nur dann gibt er sich Mühe«, empfiehlt sie auch für den Fall, daß frau einen Mann von der ersten Sekunde an aufregend findet.

»Andererseits darfst du auch nicht zu spröde sein, sonst verliert er die Lust«, sagt die selbstbewußte Apothekerin mit einem verschmitzten Lächeln.

Ihr Verehrer soll nicht recht wissen, woran er ist. Daher wechselt Bettina geschickt zwischen kokett gespielter Ablehnung und subtiler Ermunterung.

Männer empfinden ein solches Verhalten als »anstrengend«, doch für viele bekommt das Flirten nun den Aspekt der sportlichen Herausforderung. »Coole Frauen reizen mich erst recht«, sagt mir Peter, 42, Single und Geschäftsmann. »Am Ende schmelzen sie doch dahin. Bei manchen dauert es eben länger. Mir macht es Spaß durchzuhalten, auch wenn lange Zeit nichts zurückkommt. – Eines Tages wirst du mich auch mal anlächeln –, denke ich mir, und bisher ist es immer so gekommen.«

So sehr manche Männer spröde Reaktionen schätzen: Die Mehrheit verliert schon bald die Lust an den charmanten Bemühungen – spätestens, wenn sich die Ablehnung als ernst gemeint entpuppt. Eberhard, 44, flirtet leidenschaftlich gern, meint aber: »Ich erwarte ja nicht, daß sie mir um den Hals fällt oder mit mir in die nächstgelegene Kiste springt. Gar nicht, ich bin glücklich verheiratet. Aber ein kleines Lächeln sollte schon sein, sonst macht mir die Sache keinen Spaß.«

Bekommt ein Mann nach seinem »Sie sind eine besondere Frau« ein von Augenklimpern dekoriertes »Ach ja, bin ich das? Aber sagen Sie das nicht jeder anderen auch?« zur Antwort, darf er sich ermuntert fühlen, noch mehr Komplimente zu machen. »Nein, Sie unterscheiden sich von den anderen«, wird er sagen, und dann sollte er galant erklären können, worin.

Als sicheres Zeichen, daß man Ihre Schmeicheleien mag und mehr davon hören will, gelten Antworten wie: »Seit langem hat mir niemand so ein schönes Kompliment gemacht« oder »Das Kompliment muß ich zurückgeben.«

Praktisch, wenn man gleich weiß, woran man ist.

Doch ein so eindeutig positives Feedback nimmt dem Flirt auch einen Teil seiner Spannung. Daher zählt es zu den ungeschriebenen Gesetzen des Flirtens, daß sich der Umworbene – meist ist es die Frau – ein wenig ziert und der Werbende Kostproben seiner Hartnäckigkeit und Kreativität abliefert.

Hoffentlich gibt er nicht vorschnell auf, weil er keine Chancen zu haben meint.

Von einem verbreiteten Mißverständnis erzählte mir Nicole, 24. Auf einer Party lernte sie einen Mann kennen, den sie zwar äußerlich höchst attraktiv, aber nach ein paar Sätzen »nicht mehr so berauschend fand, weil er sich als Anmacher entpuppte«. Der Schönling machte ihr ein paar Komplimente – »wirklich ganz nette« –, und Nicole ließ es sich gefallen – mehr nicht: »Ich bin wirklich nicht besonders auf ihn eingegangen.«

Nach einer knappen halben Stunde fing der Mann auf einmal an, so zu tun, als hätte er einen *Anspruch* auf eine positive Reaktion. »Da habe ich ihm erst mal den Kopf gewaschen. Ich bestimme immer noch selbst, mit wem und wann ich was anfange.« Der Schönling wurde stinksauer und hat kein Wort mehr mit Nicole geredet. »Ist besser so, denn ich weiß nicht, ob ich nicht doch irgendwann mal schwach geworden wäre.«

Seit diesem Abend reagiert Nicole anders auf die Schmeicheleien »Fremder«, denn sie sagt ihnen schon ziemlich am Anfang der Bekanntschaft: »Ich liebe deine Komplimente. Aber bilde dir nicht ein, daß du deswegen Chancen bei mir hättest.« Ihre Erfahrung: »Wenn er echt Spaß an Komplimenten hat, macht er trotzdem weiter.«

»Warum soll ich flirten?«

»Was soll ich mich groß um eine Frau bemühen, die längst in festen Händen ist?«

Mit dieser typisch männlichen Haltung sind viele Frauen überhaupt nicht einverstanden. »Ist doch egal, ob ich schon einen Partner habe oder nicht. Entweder einem Mann macht das Rumschäkern mit mir in jedem Fall Spaß, oder er kann gleich wieder nach Hause gehen. Ich hasse Männer, die krampfig nach einer Freundin suchen.« Kathrin, 24, ist Single, aber sie weiß, was sie nicht will.

Anja, 31, Angestellte, läßt sich ganz bewußt nicht anmerken, ob sie noch zu haben ist oder nicht. Ihr Grund: »Viele lassen dich einfach stehen, sobald sie merken, daß du verheiratet bist.«

In den Augen einiger Männer ist dieses Verhalten so eine Art Schwindel. »Soll sie doch gleich sagen, was Sache ist. Ich mag es nicht, wenn Frauen mit einem spielen und einen dann dumm stehenlassen.«

Wie aus dem Flirt Liebe wird

Können Sie sich eine Frau vorstellen, die sich verliebt, ohne daß ihr neuer Liebhaber ihr vorher Komplimente gemacht hat? Oder einen Mann, der beim Herumturteln keine Schmeicheleien hört?

Komplimente gehören so selbstverständlich zur »entflammenden Liebe« wie tiefe Blicke, Händchenhalten und Küsse. Sie sind der poetische Ausdruck einer wachsenden romantischen Sympathie. Einer fängt an damit, der andere geht darauf ein, und mit jedem Hin und Her wird dieser Dialog intensiver, bis beide ineinander verliebt sind.

Jetzt dreht sich fast alles um Zärtlichkeiten. Auch für Komplimente findet man reichlich Gelegenheit, aber, im Gegensatz zu den Zeiten der Werbung, wiederholen sie sich, werden kürzer und weniger poetisch.

Ein Qualitätsabfall, jetzt, wo das Ziel erreicht ist? »Ich fand jedes Wort wunderschön. Allein wegen seiner Stimme. Und dazu dieser Blick, dem ich noch nie widerstehen konnte.« In schwärmerischen Worten erzählte mir Erika, 28, von den Wochen, in denen sie sich in ihren jetzigen Freund verliebt hat.

Sie kann sich nicht erinnern, was genau gesagt wurde. Dahinter steckt wohl die Zauberkraft der Liebe: Wer sich über beide Ohren verknallt hat, entdeckt selbst in einem profanen »Ich liebe dich!« eine Offenbarung. Etwas unromantisch ausgedrückt: Jetzt reichen schwache Komplimente, um eine Magie zu entfalten, die vorher auch mit den besten Ideen nicht hätten erreicht werden können.

Das frisch verliebte Pärchen sieht sich tief in die

Augen, hat ständig Körperkontakt und verbringt die sprichwörtlichen Wochen im Bett – man kann das Glück kaum fassen.

Auch Frauen, denen sonst kaum ein Kompliment über die Lippen kommt, verwöhnen in dieser Stimmung ihre Partner mit süßen Schmeicheleien, und Männer, auch die verklemmtesten, lassen es sich gern gefallen.

Komplimente als Gradmesser der Beziehung?

Wenig Komplimente – schlechte Beziehung? Das kann man so nicht sagen, denn es gibt Paare, die aus zwei Menschen bestehen, die gleich wenig mit Charme anfangen können.

Viele Komplimente – gute Beziehung? Das stimmt auf alle Fälle, und zwar vor allem, wenn beide Partner charmante Bemerkungen machen.

Komplimente in der festen Beziehung

Wenn der Alltag Einzug hält . . .

Irgendwann wird aus der wilden Liebe eine alltägliche Beziehung. Wer eben noch vor Charme sprühte, scheint nun die Kunst der Schmeichelei verlernt zu haben. »So ist das eben«, sagen viele Männer und Frauen, als müßte man sich damit abfinden.

Bleibt nur die Sehnsucht nach den guten alten Zeiten, die vielleicht nur ein paar Monate zurückliegen.

Sind die Schwüre vergessen, daß das mit der wilden Liebe und der gegenseitigen Aufmerksamkeit ewig so weitergehen wird – oder waren sie ohnehin nie mehr als eine liebenswerte Vorstellung, die mit der Wirklichkeit wenig zu tun hat?

Fest steht, daß Frauen wie Männer sich wünschen, es solle »wieder wie damals« sein.

Was genau sich Männer unter dieser »romantischen Nostalgie« vorstellen, meint Birgit, 43, Textilingenieurin, zu wissen: »Nicht das Kennenlernen und Hofieren – sondern den wilden Sex.«

Auch Birgit sehnt sich nach sechs Jahren Ehe zunehmend nach der romantischen Anfangszeit zurück, aber aus anderen Gründen. »Damals«, sagt sie über ihren Mann, »als er versucht hat, mich zu erobern, da hat er alles für mich getan. Er hat sich richtig Mühe gegeben. Hier mal eine Überraschung, da mal ein Kompliment.« Sie fühlte sich umworben und geliebt. »Ich war die wichtigste, aufregendste und schönste Frau der Welt« – seiner Welt.

Die beiden waren glücklich miteinander, auch in sexueller Hinsicht. Jetzt will er vor allem das »Eine«, und zwar gleich. Nur eines steht seinem schnellen Glück im Weg: Birgit.

»Bevor ich Sex genießen kann, muß ich verführt werden. Jedesmal, auch von meinem Mann. Egal wie lange wir verheiratet sind.«

Unter Verführung versteht sie »mehr als nur ein Vorspiel, wenn wir schon im Bett sind.«

Viele Männer aber stehen auf dem Standpunkt: einmal verführt, immer verführt, wenden wir uns gleich dem »Angenehmen« zu – Sex.

Beklagenswerte Mängel

Frauen, in Zeiten der Werbung und der ersten Liebe mit Komplimenten verwöhnt und auch an sie gewöhnt, beschweren sich.

Manuela, eine 32jährige Altenpflegerin, fragt sich, was sich in den drei Jahren ihrer Beziehung an der Einstellung ihres Freundes geändert hat: »Ich glaube, ich bin ihm nicht mehr so wichtig. Er behandelt mich wie einen sicheren Besitz.«

Das Desinteresse eines Mannes an seiner festen Partnerin nimmt die aus drittklassigen Witzzeichnun-

gen geläufigen Formen an, wie auch Birgit bestätigt.
»Mein Mann sagt zwar, daß er mich liebt und daß ich
ihm wichtig bin. Aber er bemerkt keine Veränderung
an mir. Nicht die neue Frisur, nicht die neuen Kleider.
Er vergißt meinen Geburtstag und unseren Hoch-
zeitstag.«

Warum? Machen die Frauen einen Fehler? Oder
sind die Männer von Hause aus »schlecht«?

Die Biologie der männlichen Schlechtigkeit

»Der Mann hat die Frau erobert. Damit ist sein Ziel
doch erreicht!«

So oder so ähnlich äußern sich Frauen, die sich re-
signiert darüber beklagen, daß ihre Partner Komplimentmuffel *geworden* sind.

Verhaltensforscher und Soziobiologen würden diese nicht gerade schmeichelhafte Sichtweise bestätigen
und folgendermaßen begründen:

Hier spult unter der dünnen Schale unserer Zivili-
sation ein uraltes, animalisches Programm ab. Hat
das Menschen-»Männchen« sein Menschen-»Weib-
chen« erobert, sich mit ihm gepaart und für die Er-
haltung der Art gesorgt, verliert es sein Interesse an
weiterem Verführungsaufwand.

Ich kann mir gut vorstellen, daß einige Männer hier
trotzig anmerken würden: »Einverstanden! Wir sind
Tiere, Frauen wie Männer. Wir folgen dem Ruf der
Natur. Das ist doch ganz natürlich, oder?«

Es gibt eben immer einige, die noch nicht mitbe-
kommen haben, daß die Steinzeit seit einigen Jahren
vorüber ist.

Wer in Komplimenten nur ein Werkzeug sieht, mit
dem man eine Frau »rumkriegen« und ins Bett locken
kann, leidet unter einer bemitleidenswerten Einen-
gung der Erlebnisfähigkeit.

»Was habe ich falsch gemacht?«
Frauen haben gelernt, die »Fehler« immer bei sich zu suchen. »Wieso macht er mir keine Komplimente mehr? Hat er mich nie geliebt, aber seinen Irrtum erst jetzt erkannt? Hat er eine Neue? Liegt's an der Frisur? Oder an den Schwimmringen?«

Viele Frauen vermuten eine unausgesprochene, im Kern aggressive Unzufriedenheit ihres Partners hinter dem Verblassen seines Charmes und glauben: »Wahrscheinlich traut er sich nur nicht, es mir direkt zu sagen.« Also fragen sie ihn. Aber er bringt keine Beschwerden vor. Komisch, denken sie − das *kann* doch gar nicht sein!

Doch, es kann. Männer können mit ihren Partnerinnen und der Beziehung durchaus zufrieden sein und trotzdem vom Fast-schon-Charmeur auf Stoffelniveau absacken. Sie tun es nicht aus böser Absicht, sie merken es nicht einmal, ja sie wundern sich über die »seltsamen Launen« ihrer Frau oder Freundin, die »immer Gespenster sieht« oder − wenn sie das Thema nicht offen anspricht − »in letzter Zeit manchmal irgendwie komisch« ist.

»Ich mache weniger Komplimente als sonst? Kann gar nicht sein.«

Aus dem Verschwinden der Komplimente zu schlußfolgern, daß ihre Liebe schrumpft, finden Männer lächerlich − und meistens auch »typisch Frau«.

Oliver, ein 29jähriger Bankangestellter, will »Selbstverständlichkeiten nicht immer wieder gebetsmühlenmäßig runterbeten«. Für ihn steht es außer Zweifel, daß er seine Frau liebt, ihre Augen schön findet und ihr Lächeln mag. »Das weiß sie doch auch! Warum soll ich es ihr immerzu sagen?«

Das klingt, als schätze jemand vor allem das Gedächtnis seiner Partnerin. Wie unromantisch! Als ob es darum ginge, sie über bestimmte ihrer auffälligen

Merkmale zu *informieren*! Ein Kompliment ist ein ge-
sprochenes Geschenk! Es würde nicht schaden, sich
mal in die Rolle der Partnerin zu versetzen, statt trotzig auf »Vernunftstandpunkten« zu beharren.

Gut gefiel mir, was Lars, 48, über seine nachlassen-
de Aufmerksamkeit sagte: »Ich liebe meine Frau,
aber ich bin so sehr daran gewöhnt, mit ihr zusammen zu sein, daß mir gar nicht mehr auffällt, was ich
an ihr habe. Erst wenn sie nicht da ist, merke ich, wie
sehr sie mir fehlt.«

So manche Frau hat sich gewundert, wie charmant
sie *wieder* behandelt wurde, wenn sie von einer kleinen Reise zurückkehrte.

Der außereheliche Kompliment-Verkehr

»Klar mache ich Komplimente — aber doch nicht
meiner Frau.« So unverblümt und trocken kann es
nur ein Berliner Taxifahrer sagen. Die Fremde reagiert ganz anders, und das gefällt Hermann, 36. »Wie
soll ich sagen? Vielleicht ein bißchen verlegen, macht
ein bißchen rum, weil sie ist geschmeichelt oder so.«
Schmeichelt er seiner Frau, guckt sie ihn nur erstaunt
an und fragt: »›Was'n mit dir los?‹ Wenn ich Pech
habe, glaubt sie, ich hätte ein schlechtes Gewissen.«

Nicht gerade ein positives Feedback.

»Am liebsten mache ich unattraktiven Frauen
Komplimente.«

Aha, der Ehebrecher auf der Suche nach leichter
Beute.

Da wehrt Hermann energisch ab. »Ich habe keine
Hintergedanken. Nie!« Will er nur angelächelt werden, der selbstlose Edle? »Vielleicht stelle ich mir
manchmal vor, daß ich fremdgehen *könnte*, wenn ich
hier weitermachen *würde*. Aber das ist auch schon alles. Gegen einen Flirt kann ja wohl niemand was ein-
wenden.«

Männer machen fremden Frauen eher Komplimente, weil sie sich eine »typisch weibliche« Reaktion wünschen. Sie lieben das Gefühl, sie verführten gerade eine Frau – und das bietet ihnen die eigene Partnerin nicht.

Oft sprechen Männer im Zusammenhang mit Verführung von »Erobern« und »Jagen«. Nicht allen Männern sind diese Gefühle wichtig, aber einige lieben die Herausforderung der schwierigen Aufgabe – ein Reiz, der in einer festen Beziehung kaum geboten werden kann. Oder wie es Mike, 32, ausdrückt: »Irgendwie ist es absurd, sich seiner Ehefrau gegenüber so zu verhalten, als müßte man sie erst erobern.«

Aber beschränken wir unsere Sicht nicht voreilig. Wo von »Verführung« gesprochen wird, ist vor allem *Verwandlung* gemeint. Denn: Komplimente sind liebenswerte Zaubereien, die man sich für eine bestimmte Person in einer bestimmten Situation ausdenkt. Wenn man sie ausspricht, kann man erleben, wie sie ihre Magie entfalten und einen Menschen verwandeln – im Sinne von Verzaubern. Das macht Spaß und ist keine typisch männliche Freude an der Macht, denn Frauen genießen die sichtbaren Effekte ihrer Schmeicheleien genauso. Hexen und Magier haben andere Hobbys.

Leider wird jeder Partner nach ein paar gemeinsamen Monaten weitgehend immun gegen die Zauberkraft des anderen. »Man muß sich ein bißchen fremd sein, sonst fehlt das Prickeln.«

Muß man wirklich? Man könnte sich ja auch mal neue »Kunststückchen« ausdenken.

Das unnötige Komplimente-Defizit

Aus zahlreichen Gesprächen kann ich ein klares Fazit ziehen:
1. Frauen bekommen zu wenig Komplimente.
2. Frauen sind mit der Qualität der Komplimente nicht zufrieden.
Aber wie sind diese Defizite zu erklären?
Fehlt Männern der Wunsch, Komplimente zu machen? Bieten Frauen nicht genügend Anlässe? Fällt Männern nichts ein? Oder sind sie nur zu schüchtern?
Und wie sieht es umgekehrt aus? Sind Frauen die geborenen Komplimentkünstlerinnen? Machen sie genug Komplimente? Oder ziehen sie sich auf die bequeme Rolle der empfangenden und »unersättlich« nach mehr verlangenden Diva zurück?

Was machen die Männer falsch?

Die Einstellung der Schmalspur-Casanovas
In Gesprächen mit Männern wurde ich häufiger gefragt, ob ich nicht ein paar »todsichere Sprüche« kenne, denen »keine widerstehen kann«.

Es gibt offenbar immer noch viele Männer, die von den Zauberformeln aus Casanovas Werkzeugkiste träumen. Patentkompliment auswendiglernen, einlegen, abfeuern – und jede Frau liegt ihm zu Füßen.

Von einer Freude am Flirt ist da nichts zu spüren, im Gegenteil: Man möchte sich die »lästige Vorarbeit« ersparen und möglichst schnell »zur Sache« kommen. Der Wunsch nach Harmonie ist nur ein Teil einer Strategie mit einem Ziel, das von diesen Männern mit Begriffen wie »aufreißen, rumkriegen, klarmachen« beschrieben wird. Man hat keine Lust, auf den anderen Menschen einzugehen, weil man in ihm ohnehin keinen Partner, sondern nur ein Objekt sieht.

Den »Komplimenten« dieser Männer mit der Mentalität des Butterfahrtveranstalters haftet meist etwas von Angeberei und Übertreibung an. Sie klingen beliebig, abgedroschen und klischeehaft. Häufig wird grobschlächtig und klebrig, immer offensichtlich ideenlos geschmeichelt.

Derartige »Qualitäten« bleiben den meisten Frauen nicht lange verborgen, da mögen sich diese Schmalspur-Casanovas für noch so raffiniert halten.

Wer einen solchen Aufreißer abblitzen läßt, ist nicht verklemmt oder intolerant, sondern nur mit einem Minimum an Geschmack und Würde ausgestattet und wird garantiert erleben, daß der »Charmeur« den Korb nicht ertragen kann, sondern, kaum daß er seine Chancenlosigkeit begriffen hat, pampig wird, denn schlechte Verlierer sind diese Burschen auch noch.

Leider tragen etliche Männer zuviel von der beschriebenen Einstellung mit sich herum – entsprechend wenig überzeugend ist die Qualität ihrer Komplimente. Und traurig sieht die Bilanz ihrer Bemühungen aus: Ohne Flirt geht gar nichts, denn selbst eine Frau, die nur auf einen One-night-stand aus ist, will vorher schöne Worte genießen.

Die unsicheren oder verunsicherten Talente

Ich schätze, daß etwa 60% aller Männer eine echte Anlage zum Charmanten mitbringen. Auch ihre Einstellung stimmt. Sie könnten ehrliche Komplimente machen und hätten Freude daran.

Warum tun sie es nicht?

Einige wissen noch nichts von ihren versteckten Talenten. Andere würden gern charmant sein, aber es mangelt ihnen an Ideen, oder ihre Schüchternheit

hält sie von ersten Gehversuchen ab. Manche haben
Angst vor negativen Reaktionen, weil sie schon ein-
mal damit baden gegangen sind, als sie mit ihren
Komplimenten zum falschen Zeitpunkt die falschen
Frauen erfreuen wollten.

Wieder anderen fällt im richtigen Moment gar
nichts ein. Nicht nur jungen Männern wie dem
21jährigen Sportstudenten Markus verschlägt es im
entscheidenden Augenblick die Sprache: »Ich denke,
jetzt möchtest du ihr etwas ganz Tolles sagen, einfach
nur so, weil du sie gern hast oder so. Aber dann –
Blackout.« Eine Stunde später kommen ihm dann die
genialen Einfälle. Den Frosch im Hals kennen die
meisten Männer, und er wird um so stärker, je attraktiver sie eine Frau finden.

Wie kann man lockerer werden? – Einfach jedem
ein Kompliment machen, zu dem einem eins einfällt.

Was coole Typen nicht nötig haben

»Ich hab null Böcke, den Schleimer vom Dienst zu
bringen.« Dennis, 20, Abiturient und ein typischer
Vertreter der konsumfeindlichen Generation X, haßt
»Softies oder diese geleckten Modetypen, die sowas
draufhaben«. Er hält sich für so aufregend, daß er
leicht auf die Magie der schönen Worte verzichten
kann. »Sowas hab ich nicht nötig.«

Diese Einstellung teilt er mit einem seiner erklärten
Feinde, dem bürgerlichem Macho. Dieser von Solari-
um, Goldschmuck und Fitneß-Studio verschönte
Mann besteht darauf, daß die Frauen ihm zu verfallen haben, nur weil er so männliche Cowboystiefel besitzt.

Interessant finde ich, daß die »coolen« Typen in einem Kompliment grundsätzlich nicht den Ausdruck
ehrlicher Gefühle und aufrichtiger Sympathie sehen
können, sondern nur ein »Werkzeug« zur Manipulation. Erfreulich immerhin, daß *sie* die Schmeicheleien

gnädig – nicht für ihre Zwecke einsetzen wollen. Dazu ist man sich zu schade.

Natürlich gibt es in jeder »coolen« Szene trotzdem Komplimente. Mitgliedern erschließt sich deren Geheimsprache, allen anderen könnte die tief empfundene Zuneigung entgehen, die folgendem Dialog innewohnt:

»Du siehst echt voll kaputt aus.« – »Ehrlich?« – »Ja, echt scheiße.« – »Du aber auch.« – »Man dankt.«

Tarzans Angst vor dem Korb

Von Frank, 30, kann eine Frau keine Komplimente erwarten: »Ich hab's aufgegeben. Man bekommt lauter blöde Reaktionen.«

Nicht verwunderlich, wenn sich die Komplimente auf die Schönheit des Busens oder den Lockwert des Hinterteils beschränken. Nichts gegen Frank, aber regelmäßig beschweren sich Frauen über derartig taktlose Geschmacklosigkeiten. Klar, daß sie deren Schöpfer abblitzen lassen.

Doch auch mit eindeutig netten, zivilisierten Komplimenten können Männer Schiffbruch erleiden.

Julia, 27, ist »dauernd unterwegs« und hat ein »Faible fürs Belauschen«. Sie erzählt mir: »Auf Partys kriege ich öfter mal mit, wie sich die Jungs trotz echt netter Sprüche Abfuhren einfangen.« Die Reaktionen mancher Frauen findet sie »echt übertrieben und absolut unhöflich«.

Solche Frauen haben für meine Begriffe Probleme mit ihrem Selbstbewußtsein, auch wenn sie das gern als die reine Lehre der Emanzipation verkaufen möchten. In jeder Nettigkeit eines Mannes sehen sie einen Angriff auf ihre Gleichberechtigung. Auffällig: Gerade diese verkrampften Frauentypen machen ja auch Frauen keine Komplimente.

Hannes ist ein 45jähriger Computerfachmann, der

etwas unsicher aber sehr sympathisch wirkt. »Ich würde viel öfter Komplimente machen, aber ich hab einfach keine Lust, daß die Frau mir dann niedere Motive unterstellt.« Aus Vorsicht schmeichelt er nur Frauen, die er schon länger kennt.

Manche Frauen machen sich leider einen Sport daraus, grundsätzlich schnippisch auf Komplimente von Unbekannten zu reagieren, weil sie Komplimente mit Anmache verwechseln. Sie fühlen sich umzingelt von Männern, die mit so primitiven Tricks wie Charme und Schmeichelei von ihnen doch nur »das Eine« wollen.*

Nun wäre man ja unter Umständen bereit, etwas offener zu sein, wenn der *Richtige* käme – jener seltsam konturlose Traummann, der aber offenbar immer irgendwo anders zu tun hat. In der Zwischenzeit flirten und sich amüsieren? Kommt gar nicht in Frage, und am wenigsten mit einem »Anfänger«.

Lieber mit einem staatlich geprüften Casanova? Nein, auch nicht. Der Routinier ist abstoßend glatt, der Anfänger abstoßend unbeholfen, und alles dazwischen auch irgendwie falsch.

Das klingt nicht gerade ermutigend für Männer, die sich um die passende Komplimentsprache bemühen. »Man will ja auch nicht blöd klingen und sich blamieren.«

Da gibt man sich lieber cool. Das ist zwar auch schwierig, aber immer noch einfacher als Komplimentemachen.

---

* Wenn es stimmt, daß Männer vor allem nach dem Aussehen gehen, wenn sie entscheiden, von wem sie »das Eine« wollen, müßte ein Blick in den Spiegel vielen der beschriebenen Damen jede Befürchtung nehmen.

Wo Frauen übertreiben

Die Angst, benutzt zu werden
»Woher soll ich wissen, ob nicht etwas ganz anderes dahintersteckt?«

Alle Fernsehserien sind vollgestopft mit freundlich schmeichelnden Gangstern und Intriganten.

»Will er mich manipulieren und benutzen? Treibt er nur ein Spiel mit mir? Will er mich von etwas ablenken?«

Aus lauter Angst vor dem charmanten Bösewicht kann man kein schönes Wort mehr genießen.

Bei »harmlosen« Komplimenten im Büro oder auf Partys spielen diese Überlegungen nur eine untergeordnete Rolle, obwohl man auch hier, schon »aus Prinzip«, gern wüßte, wie lauter die Motive, wie ehrlich die Komplimente der Männer oder Frauen sind, die einem schmeicheln.

Wirklich wichtig wird diese Frage erst, wenn es um die Liebe geht, genauer: um die Liebeswerbung.

Männertyp 1:
Das Kompliment als großer, ernster Antrag
Wenn zwei Charmeure im selben Wortlaut schmeicheln, können sie doch zwei völlig verschiedene Dinge meinen:

»Entweder richtig oder gar nicht«, so lautet das Motto des ersten Männertyps. Er verzichtet auf oberflächlich dahingesagte Worte und lehnt den regelmäßigen Einsatz von Schmeicheleien ab. Vom lockeren Flirten hält dieser sachliche und spröde Typ wenig. Frauen monieren, er mache nicht genügend Komplimente.

Wenn so jemand dann mal etwas Charmantes sagt, dann meint er es sehr ernst. Nur im Dienst der ganz großen Liebe oder zu wenigen, ganz großen Anlässen greift er zu diesen äußersten Mitteln.

Der Satz »Du bist die wunderbarste Frau, die mir je begegnet ist« ist aus seinem Mund eine statistisch korrekte Aussage in der Nähe eines Heiratsantrags. Er meint seine Komplimente wörtlich.

Von diesem Mann ist niemand nachträglich enttäuscht, der schon immer ein Faible für aufrechte und zuverlässige Langweiler hatte.

Männertyp 2:
Das Kompliment als unverbindlicher Flirt

»Du bist die wunderbarste Frau, die mir je begegnet ist« kommt dem anderen Männertyp leicht über die Lippen, und jeden zweiten Tag findet er eine andere Frau, der er etwas in dieser Art sagt.

Ist er ein Lügner und Betrüger? Nein. Er flirtet gern, und zu seinen Leidenschaften zählt die charmante Übertreibung. Meist trägt er sie mit einem ironischen Lächeln vor, weil er dadurch Mißverständnisse zu vermeiden meint.

Doch das klappt nicht immer. Gelegentlich mißverstehen Frauen seine schönen Worte als ernste Liebeserklärungen, anstatt in ihnen eine Geste der Sympathie und die Einladung zum spielerischen Flirt zu sehen.

Die meisten Frauen wissen von vornherein, woran sie bei diesem Mann sind. Na prima, möchte man denken, dann können sie beim Flirten ihren Spaß mit ihm haben, sich über seine Aufmerksamkeiten freuen, und das war's dann. Erstaunlicherweise erzählen viele Frauen: »Ja, aber dann war ich doch *irgendwie* enttäuscht.«

Hatte man seine Schmeicheleien nicht genießen können?

»Doch schon, eigentlich sogar sehr.«

Wo gibt's dann noch ein Problem?

Es wurde bemängelt, daß die Komplimente ja »nicht ehrlich gemeint« gewesen seien.

Das wußte man doch.
»Schon, aber . . .«
Nach fünf Minuten Flirten absichtlich vergessen?
»Vielleicht.«
In meinen Ohren klingt das ein wenig absurd und erinnert mich an das Verhältnis, das viele deutsche Frauen zu französischen und italienischen Männern haben: Einerseits schwärmen sie endlos von deren (im Fall der Italiener aufdringlichen) Charme, und davon sollten sich die deutschen Männer mal ein paar Scheiben abschneiden. Im gleichen Atemzug beschweren sie sich, daß die Südländer es nicht ernst meinen, geben aber auf Rückfrage zu, daß man »das ja von denen kennt«.

Spricht aus diesen Worten etwa die Angst vor den niedrigen Motiven oberflächlicher Verführer und ihren raffinierten Verstellungskünsten? Wohl kaum.

Man – frau – befürchtet vielmehr die eigene Inkonsequenz und Schwäche. Trotz bester Vorsätze, sich nicht »rumkriegen« zu lassen, besteht die Gefahr, sich vom harmlosen Flirt ins unvernünftige Verlieben hineinzusteigern – und damit schnurstracks in die Enttäuschung. Dabei heißt es doch immer: Wer sich nicht hypnotisieren lassen *will*, kann auch nicht hypnotisiert werden.

Nur muß sich jeder, der sich dann beschwert, auch fragen lassen: Kann man die eigene Bereitschaft, der Magie der schönen Worten zu verfallen, anderen vorwerfen?

Wie sich Schwindler verraten

Weder aufrichtige Zuneigung oder Liebe, noch der Wunsch zu flirten oder eine angenehme Atmosphäre zu erzeugen, bewegen den Schwindler zu seinen Komplimenten. Ihn treibt der pure Egoismus um.

Niemand will diesem zweifelhaften Charmeur auf den Leim gehen. Man fürchtet zu Recht, daß gerade er die Methoden der Schmeichelei besonders gut beherrscht.

Der böswillige Profi-Schmeichler ist zwar eine Ausnahmeerscheinung, aber er prägt die Einstellung vieler Frauen – nicht nur der wenigen, die schon schlechte Erfahrungen mit Vertretern dieser Gattung gemacht haben.

Um so interessanter ist die Frage: Woran kann man ihn erkennen?

Vor allem an seinem Ziel. Er will Sex oder Geld oder Protektion oder andere Vorteile – und zwar so schnell wie möglich.

Svenja, 46, arbeitet in führender Position bei einem Pharmakonzern. Sie entscheidet über Budgets und Karrieren und geht davon aus, daß manch eine Nettigkeit aus purer Berechnung gesagt wird. »Das macht mir nichts aus. Ich höre es mir an, bin ein bißchen geschmeichelt, bedanke mich artig, und das war's auch schon. Meine Entscheidungen lasse ich von sowas nicht beeinflussen.«

Tip

Fragen Sie sich:
- Könnte sich der Charmeur von mir Vorteile erwarten?
- Wie könnte ich ihm nützen?
- Wie könnte er mich benutzen wollen?
- Will er meine Entscheidungen zu seinem Vorteil beeinflussen (Komplimente statt Argumente)?
- Sucht er bei mir Vorteile in Form von Geld (Kredit, Aufträge, Karriere)?
- Will er meine Kontakte (geschäftlich, Einführung in die Gesellschaft, Partner als Statussymbol) ausnutzen?

Heuchler mögen zwar intelligente Komplimente machen und diese, schauspielerisch gesehen, überzeugend vortragen. Aber auf der emotionalen Ebene stimmt etwas nicht:

Wenn ein Mann einer Frau sagt, sie habe etwas sehr Anziehendes, und ihr mit poetischen Worten erklärt, warum er sie so bezaubernd findet, dann strahlt er im selben Moment eine gewisse Wärme und Nähe aus. Bei Heuchlern fehlt das. Man fühlt sich an den professionell lächelnden, aalglatten Versicherungsvertreter erinnert.

Einen anderen typischen »Fehler« beschrieb mir Maria, 32, eine Kinderärztin, die in folgender Situation stutzte: »Ich war echt begeistert von seinen Komplimenten. Trotzdem war er nicht erleichtert, daß ich so positiv reagierte. Auch vermißte ich dieses warme Lächeln, das Männer sonst immer haben, wenn sie merken, daß man sie gut findet.«

Wenn einem Mann Komplimente zu leicht über die Lippen kommen, darf man ruhig etwas genauer hinhören und – ganz wichtig – nachhaken:

Er: »Ich finde dich bezaubernd.«

Sie: »Danke. Warum?«

Ein Mann mit ehrlicher Freude am Flirten denkt sich gern charmante Begründungen aus. Der Heuchler schätzt es gar nicht, wenn er nicht mehr auf die einstudierten Nettigkeiten aus seinem bewährten Fundus zurückgreifen kann.

Versucht er es trotzdem – und viele tun das –, überführt er sich selbst.

Warum überhaupt diese Angst vor Heuchlern? Sollen sie doch ihren Charme versprühen. Selbst schuld! Es bleibt doch schließlich jedem überlassen, was er damit macht. Reicht es nicht, einem Mann (oder einer berechnenden Frau) in die Parade zu fahren, wenn er gerade beginnt, Gegenleistungen einzufordern? Und irgendwann werden alle Egoisten ungeduldig.

Tips von Frauen für Frauen

Einige meiner Gesprächspartnerinnen hatten ein besonders entspanntes Verhältnis zu Komplimenten und Charmeuren aller Art. Ich fragte sie, was sie Frauen raten würden, die ein wenig unsicher im Umgang mit Komplimenten sind.
Hier ihre wichtigsten Tips:
* Positiver auf Charme eingehen, sich mit dem Verlieben trotzdem Zeit lassen.
* Nicht immer nur an die große, ganz ernste Liebe denken.
* Keine Angst vor Flirts. Genießen und Neinsagen lernen.
* Flirts zulassen, aber keine falschen Hoffnungen erwecken.
* Komplimente nicht wörtlich nehmen. Eher wie im Kino: Mitfühlen, aber nicht vergessen, daß es Kino ist.

Warum machen Frauen Männern so wenig Komplimente?

Zwar beschweren sich kaum Männer, sie würden zu wenige Komplimente bekommen. Aber vielleicht ahnen sie nur nicht, wieviel mehr Schmeicheleien sie hören würden, wenn sie es den Frauen leichter machten.

»Man muß sehr vorsichtig sein«, meint Wilma, Rentnerin und Single, »sonst wird man für Freiwild gehalten.« Männer haben auf absurde Weise auf ihren Charme reagiert. Einige verloren das Interesse an ihr, weil sie wohl dachten, »die hat es aber nötig«, und eine heiratswütige Klette hinter Wilmas offener Art vermuteten. Andere vergaßen den bis dahin üblichen galanten Ton und behandelten sie respektlos – »als hätte ich sie angebettelt, – und nun können wir die Ausgehungerte zur Abwechslung mal ein bißchen zappeln lassen –«. Andere Herren waren enttäuscht, daß man ihnen den Triumph der Eroberung nehmen wollte. »Denen hab ich mich wohl nicht genug geziert.« Und überhaupt: Seit wann übernimmt eine Frau die Initiative?

Vielleicht haben die Männer in Wilmas Generation

noch besonders konservative Vorstellungen davon, wie Frauen und Männer sich zueinander zu verhalten haben. Doch auch jüngere Frauen erzählten mir, daß sie Abfuhren erhalten haben oder man sich über ihre Komplimente lustig machte. Besonders unangenehm verhalten sich Männer den charmanten Frauen gegenüber, die in ihren Augen nicht attraktiv sind. Gefällt ihnen die Frau jedoch, von der sie Komplimente bekommen, neigen sie zu aufdringlichen Überreaktionen.

Männer scheinen noch leichtfertiger als Frauen zu unterstellen, hinter einem Kompliment stecke immer eine Anmache.

Der Siegeszug der Komplimente

Wie kann man Komplimente fördern?

Männern eine neue Einstellung verpassen

Frauen haben einerseits Lust darauf, hofiert zu werden. Andererseits sind sie nicht bereit, »im wirklichen Leben« Abstriche bei der Gleichberechtigung zu machen. »Wenn Männer das nicht von alleine schnallen, dann muß man es ihnen halt erklären. Wozu habe ich einen Kopf und einen Mund?«

Der Anschubeffekt der Ermunterung

Für die Kompliment-Kultur wäre schon viel gewonnen, wenn wir uns alle einen etwas »anfängerfreundlicheren« Qualitätsbegriff zulegen würden. Statt immer nur von »Traumkomplimenten« der Spitzenklas-

se zu träumen und jede Bemühung darunter als langweilig abzutun, sollten wir auch die Qualität der Motive berücksichtigen.

Verena, 46, Inhaberin eines kleinen Geschenkarti-
kelgeschäftes, legt wenig Wert auf glänzende Rhetorik. »Das Wichtigste an einem Kompliment ist für
mich, wie es gemeint ist.« Sie verläßt sich ganz auf ihr
Gefühl. »Ich höre doch schon am Klang der Stimme,
was dahinter steckt. Und ich sehe es an den Augen.«

Dilettantische Komplimente sind nicht gerade ein
poetischer Hochgenuß. Aber: »Mich amüsiert es,
wenn ein Mann versucht, charmant zu sein, und dabei ein wenig unfreiwillige Komik produziert. So einer ist mir immer noch lieber als der aalglatte Gigolo,
der für alles noch einen klebrigen Spruch in Reserve
hat.«

Verena ermuntert jeden, egal ob Mann oder Frau,
der ihr ehrliche Komplimente macht und stärkt allen
das Selbstbewußtsein, die zurückhaltend sind oder
wissen, daß ihre Komplimente noch nicht zu den ori-
ginellsten gehören.

»Es ist noch kein Meister vom Himmel gefallen«,
sagt Verena und ist sicher, daß die Komplimente ihrer
Bekannten und Stammkunden einfallsreicher, überraschender und individueller geworden sind.

Manchmal kann man diese Fortschritte innerhalb
weniger Minuten beobachten. Es kann aber auch Monate dauern. »Erst muß man warmwerden, bevor
man unbefangen miteinander reden kann.«

Dezent soufflieren

Das Problem des Ideenmangels erledigt sich fast von
selbst, wenn die ersten Komplimente auf fruchtbaren
Boden gefallen sind. Darüber hinaus kann jeder, der
gern mehr Komplimente bekommen würde, ein wenig
soufflieren. Dezente kleine Hinweise auf geeignete
Themen wirken Wunder. Betonung auf *dezent*.

Hat man das erste Kompliment hervorgekitzelt, kann man in einer ermunternden Reaktion gleich Themen für spätere Schmeicheleien unterbringen.

Das hat wenig mit dem unbeliebten Fishing for Compliments zu tun, denn man soufffliert nur jemandem, der etwas Charmantes sagen *möchte*, während der Komplimente-Fischer Nettigkeiten quasi verlangt, manchmal sogar erpreßt.

Nachhilfe statt Nachsitzen

»In jedem Menschen steckt ein Charmeur.« Nur manchmal ist er verdammt gut versteckt. Doch wie weckt man die versteckten Qualitäten der Frauen und Männer, die den Schnabel nicht aufkriegen?

»Das mußte ich meinem Mann ganz langsam beibringen.« Hanna, 28, schwört auf die Salamitaktik – Scheibchen für Scheibchen –, und sie betont: »Ich habe mir keinen Papagei dressiert, der mir immer das sagt, was Frauchen sich wünscht!« Sie hat ihm gezeigt, daß das Zusammenleben angenehmer wurde. »Sowas muß faßbar sein. Predigen nützt da gar nichts.«

Selbst Komplimente machen – Vorbild sein

Es gibt eine besonders einfache Art, mehr Komplimente zu bekommen: Man macht selbst welche. Nach einem Dutzend Schmeicheleien steigt auch im ideenlosesten Stoffel das Bedürfnis auf, sich zu revanchieren. Holprig versucht er sein Gegenkompliment. Erlebt er nun zu seinem Erstaunen eine positive Reaktion, überlegt er es sich noch einmal mit der Kratzbürstigkeit und wagt weitere Versuche.

Tips: Wie können Frauen Männern auf die Sprünge helfen?

- Nehmen Sie Komplimente als ein Spiel.
- Lassen Sie nur Männer abblitzen, die Sie ernsthaft unangenehm finden.
- Geben Sie allen anderen die Chance, nett zu sein und besser mit Ihnen auszukommen.
- Seien Sie großzügig. Freuen Sie sich, wenn ein Mann sich immerhin bemüht.
- Unterstützen Sie seine Bemühungen, Ihre Kompliment-Sprache herauszufinden.
- Verunsichern Sie einen »Anfänger« nicht durch zu frechschlagfertige Reaktionen oder provozierende Rückfragen.
- Zeigen Sie offen, wenn Ihnen ein Kompliment gefallen hat.
- Vermeiden Sie, aus Unsicherheit die kalte Schulter zu zeigen. Bekennen Sie sich zu Ihrer Verlegenheit – das macht Sie keineswegs unsympathisch.
- Probieren Sie einmal aus, was passiert, wenn Sie – ganz verschmitzt – mit gespielter Bewunderung und Augenklimpern reagieren.
- Loben Sie Männer für Komplimente, die Ihrem Geschmack entsprechen.
- Seien Sie nicht zu streng und abweisend, wenn es nicht unbedingt nötig ist. Sogar witzige und schlagfertige Männer sind blockiert, wenn sie sich abgelehnt fühlen.

Neue Komplimente
für alte Beziehungen

Ich habe in meinen Interviews regelmäßig gefragt: »Was würden Sie dem anderen Geschlecht empfehlen?« Als es um die Auffrischung des Beziehungsalltags ging, ähnelten sich die Antworten weitgehend:

- Die Frauen wünschen sich charmantere Männer, die auch nach Monaten oder Jahren durch Komplimente ein Klima der Verführung schaffen. Mit solchen Männern wäre man gern zusammen – auch im Bett.
- Die Männer wünschen sich Frauen, die ihnen spielerisch zu verstehen geben, daß sie langsam aber –

und das ist ihnen ganz wichtig − *sicher* verführt werden wollen. Auf die galante, »klassische Tour«.
Das ist leichter gesagt als getan.

Der Wille ist da − aber der Kopf ist leer

Dagmar ist gerade 36 geworden. Sie ist seit elf Jahren mit Paul verheiratet, arbeitet halbtags in einem Büro und kümmert sich sonst um zwei Kinder und den Haushalt. »Ich weiß, daß Paul mich liebt«, sagt sie, »aber ich möchte es hören. Ich möchte, daß er es mir sagt.« Sie will keine Geschenke, keine großartigen Inszenierungen, sondern nur ab und zu ein kleines Kompliment.

Paul entgehen Dagmars Wünsche nicht, aber er ist ein bißchen ratlos. »Was soll ich immer sagen? Man kann ja nicht jeden Tag was von ›deinem süßen Lächeln‹ erzählen.«

Gewiß träumen Frauen nicht gerade von Männern, die sich ständig wiederholen. Andererseits hat mir sehr zu denken gegeben, was die 55jährige Henrike über ihren Mann sagte: »Ihm ist seit Jahren kein neues Kompliment mehr eingefallen.« Er hat eine Handvoll Standardkomplimente, die er nur leicht variiert: »›Du siehst heute gut aus‹, dies oder jenes ›hast du toll hingekriegt‹, ›Ich bin froh, daß ich wieder bei dir bin‹ − in der Richtung.«

Das mag nicht gerade einfallsreich klingen, aber drei oder vier dieser Nettigkeiten bekommt Henrike jeden Tag zu hören. Das macht sie glücklich, weil sie hinter den konventionellen Sätzen die Liebe und die Anerkennung ihres Mannes spürt. »Es ist doch die Geste, auf die es ankommt.«

Diese Auffassung teilen viele Frauen und Männer, die in festen Beziehungen leben: Ein bißchen ist besser als nichts − vorausgesetzt, das Bißchen kommt von Herzen. Henrike sagt sogar: »Für meinen Mann hat es bestimmt manchmal was von einer Pflichtübung. Aber in einer Ehe hat man nun mal Pflichten.«

Neue Themen
»Wenn man erst mal ein paar Jährchen zusammen ist, wird das mit den Komplimenten natürlich schwieriger.«

Richtig. Doch wer sich ein wenig Mühe gibt, entdeckt immer wieder neue Aspekte an der altbekannten Person. Außerdem entstehen im Laufe der Beziehung viele positive Qualitäten, die in Schmeicheleien umgesetzt werden können: Vertrautheit, Geborgenheit und die Vorzüge des Gewohnten lassen sich ganz wunderbar zu Komplimenten verarbeiten, die Frischverliebte sich nicht machen könnten.

- »Selbst wenn wir beiden einfach nur vor der Glotze sitzen, habe ich das Gefühl, daß ich absolut nichts versäume.«
- »Jeder Tag mit dir ist ein prima Anlaß für eine Jubiläumsfeier.«
- »Es geht doch nichts über das Gefühl, in- und auswendig gekannt zu werden.«
- »Ist es nicht schön, wenn man immer schon weiß, was der andere gleich sagen wird?«

Die anspruchslosen Männer
Männer bemängeln nur selten, daß sie mit der Zeit immer weniger Nettigkeiten zu hören bekommen. Ich kann nicht mit Bestimmtheit sagen, woran das liegt — sicher nicht an einer besonderen Begabung der Männer für Bescheidenheit.

Vielleicht legen sie ihre eigenen Maßstäbe an: Wer selbst kaum (noch) Komplimente macht, erwartet auch keine.

Die meisten Frauen werden in der ersten Phase einer Liebesbeziehung mit Nettigkeiten überschüttet. Männer nur selten. Wer sich nie an eine hohe Dosis gewöhnen konnte, kann auch nicht unter Entzugserscheinungen leiden.

Könnte auch sein, daß Frauen gleichmäßiger Komplimente machen − weil die schönen Worte bei ihnen nicht im Dienst der Verführung stehen − dieser »Aufgabe«, die man irgendwann als »beendet« betrachten kann. Der weibliche Charme ist, viel öfter als der männliche, Ausdruck momentaner Stimmungen und entspringt einem Wunsch nach Harmonie und Nähe.

»Sei nett − oder es gibt Ärger!«

Wo die schönen Worte nicht mehr von allein sprudeln, bietet es sich an, ein wenig nachzuhelfen. »Ich kann ihn natürlich fragen: › Wie sehe ich aus? ‹, und dann weiß er schon, was er zu sagen hat.«

Aber können mehr oder weniger erzwungene Verlegenheitskomplimente wirklich überzeugen?

Besonders heikel wird die Lage, wenn knallhart Druck ausgeübt wird. »Erst beschweren, dann verlangen, und schließlich auch noch drohen? − Nee, so geht es nicht! Da stelle ich auf stur und bin aus Trotz charmant zu anderen Frauen.«

Die Androhung von Liebesentzug und anderen Strafen hat noch keinen maulfaulen Mann zum Galan geläutert.

Ob eine Frau ihre Wünsche als »Anregungen« oder als »Standpauke« präsentiert, wirkt sich entscheidend auf das Ergebnis aus. Wenke, 46, Realschullehrerin in einer kleinen Kreisstadt, berichtet von guten Erfolgen bei mittlerem diplomatischen Geschick: »Manchmal muß ich › reklamieren ‹. Dann sage ich: › Wann hast du mir eigentlich das letzte Mal was richtig Nettes gesagt? ‹« Und um den Tadel nicht einfach so im Raum stehenzulassen oder gar Anlaß zur Selbstverteidigung zu geben, fügt sie hinzu: »Das kannst du doch so gut.«

Ihr Partner reagiert aber alles andere als prompt. »Zum Glück hat er begriffen, daß er nicht wie aus der Pistole geschossen mit Komplimenten ankommen darf. Er wartet, bis ich meine ›Erinnerung‹ vergessen habe.« Er verhält sich ganz so, wie Wenke es sich vorstellt. »Ein bißchen überrascht möchte man schon sein. Das ist wie am Geburtstag: Du weißt, daß du was geschenkt kriegst, aber nicht genau, was.«

Dieses für beide akzeptable »Reklamationssystem« funktioniert nicht zuletzt, weil niemand sein Gesicht verliert.

Sollte man sich Komplimente »verdienen«?

Wenn der Partner keine Komplimente macht, weil er keinen handfesten Anlaß sieht, könnte man dem abhelfen, indem man etwas Besonderes leistet, sich besonders schön macht oder besonders nett ist.

Das mag funktionieren − aber: »Ich bin doch kein Hund, der erst mal ein paar Kunststückchen vorführt, und dann wirft man ihm ein Leckerchen hin. Da erwarte ich ein bißchen mehr von meinem Schatz«, meint Linda, 22.

Andere Frauen sehen das großzügiger: »Ich hatte mich feingemacht wie für die Oper. Der Tisch sah aus wie in einem Soundsoviel-Sterne-Restaurant.« Aus dem Ofen duftete sein Lieblingsgericht. »Den ganzen Nachmittag hatte ich alles vorbereitet.« Carola, 37, Fremdsprachensekretärin, wollte mit ihrem Freund feiern, daß sie auf den Tag genau sieben Jahre zusammen waren.

Seine Reaktion: »Er hat nichts gemerkt. Nichts.« Ihre Reaktion: »Ich hab mich im Bad eingeschlossen und geheult, und er dachte bestimmt, die Alte spinnt doch. Jedenfalls fragte er mich durch die Tür, ob ich meine Tage kriege.«

Immerhin hatte dieser Horrorabend den Vorteil, daß Carola erkannte: »Dem Idioten ist nicht zu helfen.« Drei Wochen später bezog sie eine eigene Wohnung.

Es ist ganz einfach, mehr Schmeicheleien zu bekommen

In der festen Beziehung motiviert nur die Belohnung, wo beim Liebeswerben schon die Hoffnung ausreichte.

Worin kann diese Belohnung bestehen?

»Komplimente gegen Sex – das ist so ein Kuhhandel, den viele Männer im Kopf haben und viele Frauen abstoßend finden«, meint Vera, eine 39jährige Psychologin. Andererseits: »Wenn eine Frau sowieso Lust auf Zärtlichkeiten hat, kann sie ihren Partner einladen, sie mit schönen Worten zu verführen.« Sehr praktisch gedacht, und die Erfahrung bestätigt, daß Männer längst vergessen geglaubte Verführerqualitäten wiederbeleben, wenn sie wissen, »wozu es gut ist«.

Vera: »Die meisten Frauen wissen auch ganz genau, was ihr Mann unter › einladend ‹ versteht.«

Wir sollten uns aber davor hüten, Männer auf ihr Interesse an Sex zu reduzieren. Nicht nur Frauen empfinden es als »lohnend«, wenn sich das Klima in der Beziehung verbessert. Aber wissen die Herren der Schöpfung, wieviel besser es ihnen ginge, wenn sie ihrer Partnerin etwas häufiger etwas aufregendere Komplimente machen würden?

Gerade in der Beziehung bauen Komplimente Aggressionen ab. Wer hat schon Lust, sich zu streiten, wenn er gerade etwas Charmantes gesagt bekommen hat? Und entsteht Streitlust nicht oft, gerade *weil* man nichts Nettes mehr zu hören bekommen hat – obwohl das in einer Partnerschaft eigentlich zu erwarten wäre?

Vera schlägt, »zum Einstieg«, folgenden Kuhhandel gegen den Beziehungsstreß vor: »Du machst mir Komplimente – ich erspare dir mein Genörgel.«

Genau dieses Versprechen muß dann allerdings ein-
gehalten werden, wenn man auch künftig aufmerksam behandelt werden will.

Hat sich der Partner so charmant verhalten, wie
man es sich wünschte, bekommt er eine entsprechend
positive Reaktion – nicht nur direkt nach der
Schmeichelei.

Anne, 24, bedankt sich für jede Schmeichelei ihres
festen Freundes. »Dann sage ich ihm im Laufe des Tages oder vor dem Einschlafen: – Du, vorhin, dein
Kompliment, das war echt sehr, sehr süß.– « Da wird
im Schein der Nachttischlampe stolz und glücklich
gelächelt. Das macht Lust, auch am nächsten Tag
wieder ein paar Komplimente zu machen.

Nun eine letzte Taktik: »Konkurrenz funktioniert immer. Wenn ich meinem Mann vorschwärme, wie charmant der Freund einer Kollegin noch nach vier Jahren ist, kriege ich garantiert auch was sehr Nettes von
ihm zu hören.« Natürlich »rein zufällig«.

»Charmante Ehen«

Es gibt durchaus Paare, die sich auch nach Jahren
noch viele Komplimente machen. Ohne Zwang und
ohne Krampf.

Eva, 31, hat das Glück, in einer solchen Partnerschaft zu leben. Ihr Mann ist schon immer ein Charmeur gewesen. Oft bringt er ihr Blumen mit und
denkt sich neue Komplimente für sie aus. Wie ein
Teenager freut er sich, wenn sie ihn dafür anlächelt
oder ihm spontan um den Hals fällt.

Die beiden genießen es, sich abwechselnd mit Nettigkeiten zu überraschen. Eva: »Ich schreibe ihm kleine Zettel, die er in seinen Akten findet. Er hat eine
Gabe, mir immer dann was total Süßes zu sagen,
wenn ich überhaupt nicht damit rechne.«

Was kann man machen, um so ein Verhältnis aufzubauen und zu erhalten? Kann man sich das vornehmen? Kann man das lernen?

Jeder »Tip«, den man hier – wie im vorigen Abschnitt – geben könnte, wirkt auf manche sicher unromantisch oder furchtbar »therapeutisch«. Aber wenn man auf die schicksalhafte Fügung wartet, ändert sich gar nichts.

In Rosie und Bernd, beide um die 40, beide Lehrer, traf ich ein Paar, das seine Einstellung zu Charme, Aufmerksamkeiten und Komplimenten ganz bewußt geändert hat. Die beiden hatten die Idee, sich einen Urlaub lang gegenseitig Komplimente zu machen, ganz so wie in der Anfangszeit ihrer Beziehung.

Rosie fürchtete, Komplimente würden sich »nicht echt anfühlen«, wenn sie nicht spontan kämen. Bernd kam sich »in den ersten Tagen öfter mal ein bißchen albern« vor.

Doch das legte sich bald. Beide hatten das Gefühl, ihre Beziehung blühe geradezu auf. Als sie nach drei Wochen von Korsika nach Berlin zurückkehrten, behielten sie ihre Methode bei und sind glücklich damit.

Mehr noch: »Wir tun manchmal so, als hätten wir uns erst vor kurzem getroffen.« Je nach Zeit und Laune spielen sie spontan »Kennenlernen«. Manchmal bereiten sie sich sogar länger darauf vor. »Wir gehen schon mal aus und verabreden, in welchen Kneipen wir im Laufe des Abends bestimmt auftauchen werden. So wissen wir vorher nicht genau, wo wir uns über den Weg laufen. Dann kommt ein Flirt mit Blickkontakt, Ansprechen – alles wie im wirklichen Leben«, sagt Bernd, und Rosie fügt hinzu: »Fast genau so spannend!«

Zu geplant, unecht, absurd? – Mag sein, aber Hauptsache, es macht beiden Spaß.

Warum soll man sich nicht vornehmen, jede Gelegenheit für ein Kompliment zu nutzen? Ich war auch überrascht, als mir einer meiner Gesprächspartner

von einem immer wiederkehrenden Eintrag in seinem
Terminkalender erzählte: »Hast du deinem Schatz
heute schon ein Kompliment gemacht?« Was ist dage-
gen einzuwenden?

Lob der Oberflächlichkeit

Natürlich soll und kann man sich nicht dazu zwingen, Personen zu mögen, die einem durch und durch
unsympathisch sind. Aber vielleicht kann man versuchen, netter und charmanter zu denen zu sein, die einem bisher gleichgültig waren.

Sonja, Arzthelferin, 41, geht auf Menschen zu, mit
denen sie eigentlich recht wenig anfangen kann. Sie
muß sich nicht zu Schmeicheleien zwingen. »Wenn
man mal genau hinsieht, wird man entdecken, daß
man fast allen Menschen kleine Komplimente machen kann! Eigentlich jedem, der einen nicht gerade
angreift.«

Mag sein. Aber kann man lernen, im Umgang mit
Kunden oder, wie in Sonjas Fall, Patienten, beim
Warten an der Kasse oder auf langweiligen Empfän-
gen die Atmosphäre mit ein paar Worten aufzu-
lockern?

Man kann. Wenn man sich ins Flugzeug setzt und
weit genug fliegt, bleibt einem fast schon nichts anderes übrig. Davon ist zumindest Thomas überzeugt,
der für seinen Arbeitgeber, ein großes Unternehmen
aus der Elektronikbranche, ein halbes Jahr nach Bo-
ston gegangen ist. »Die Amis machen sich an jeder
Ecke Komplimente. Nicht nur denen, die ihnen groß
etwas bedeuten, sondern praktisch jedem, der ihnen
nicht gerade *sehr* unsympathisch ist.« Thomas lernte
diese Form der Höflichkeit schnell. »Das geht gar
nicht anders, da paßt man sich automatisch an.«

Es ist schon bezeichnend, daß die Amerikaner von

uns todernsten und auf eine engstirnige Vorstellung von »Aufrichtigkeit« fixierten Deutschen als »oberflächlich« gescholten werden.

Wer dort war, sieht das differenzierter.

»Als ich zurückkam, habe ich das beibehalten.« Zuerst waren seine Kollegen etwas befremdet, dann trat eine Veränderung ein. »Man akzeptierte mich viel mehr, und Leute öffneten sich mir, die mich vorher – mit Verlaub – kaum mit dem Arsch angesehen hatten.«

Ehrlich gemeint – und trotzdem geflunkert

Ehrlich sollen Komplimente sein. Ein verständlicher Wunsch. Aber gibt es einen triftigen Grund, nur solche Komplimente zuzulassen, die der gerichtlichen Überprüfung standhalten würden?

Wir alle wünschen uns natürlich, *aufrichtige, ehrliche* und *echte* Komplimente zu bekommen.

Aber wo fängt »ehrlich« an, und wo hört »echt« auf?

Ich unterhielt mich mit Claudia und Marianne, zwei Freundinnen, die in derselben Bank arbeiten. Hier ein kleiner Ausschnitt unseres Gespräches:

Claudia: »Stell dir vor, ein Mann sagt dir: ›Du hast ein sehr hübsches Kleid an.‹ Tatsächlich trägst du aber den scheußlichsten Fehlkauf der letzten Saison.«

Marianne: »Dann ist das kein ehrliches Kompliment.«

Claudia: »Doch, wenn er es ehrlich meint!«

Marianne: »Dann muß er aber einen schlechten Geschmack haben. Sonst wäre ihm doch aufgefallen, wie unmöglich das Kleid aussieht.«

Claudia: »Oder er hatte einfach nur keine andere Idee für ein Kompliment. Oder er wollte dich trösten, weil du ihm gerade was vorgeheult hast, wie unmöglich du heute wieder aussiehst. Das kann doch was ganz Ehrliches sein.«

Ein ehrliches Kompliment muß *nicht unbedingt* die »Wahrheit« beschreiben. Es muß *ehrlich gemeint* sein, also von Herzen kommen.

Die unterschätzte Mottenkiste
Machen wir noch einmal einen kleinen Abstecher nach Amerika. »An jeder Ecke sagen sie dir: ›Du siehst gut aus, heute. Schickes Kleid, tolle Frisur. Have a nice day.‹ Da kommen die Komplimente rüber wie hier bei uns das ›Guten Morgen‹ und ›Wie geht's?‹«

Sicher, das ist nicht mehr als eine nette Geste. Man kann solche Komplimente oberflächlich finden. Aber man kann sich auch sehr schnell an diese angenehme Form des Umgangs gewöhnen. »Und mal ehrlich: Ist doch immer noch besser als gar nichts!«

Kleine, unspektakuläre Komplimente sind besser als ihr Ruf. Auch sie tun gut.

Kann man ehrliche Komplimente lernen?

Als ich mit Freundinnen und Freunden über meinen Plan sprach, ein Buch über Komplimente zu schreiben, erlebte ich unerwartete Reaktionen. Während die meisten Männer begeistert waren und um eine Fotokopie der besten »Tricks« baten, klangen die Kommentare meiner weiblichen Bekannten eher so: »Warum das denn? Sowas fehlte uns gerade noch.«

Ich staunte nicht schlecht, denn eigentlich hatte ich damit gerechnet, gerade von dieser Seite begeisterte Zustimmung zu erfahren. Schließlich war mir die Idee zu dem Buch gekommen, weil ich immer wieder die Beschwerde gehört hatte: »Deutsche Männer sind Komplimentmuffel.«

Ich war offenbar schiefgewickelt. Zwar träumten

alle Frauen davon, mehr und bessere Komplimente zu bekommen – aber gleichzeitig hatten viele auch Angst davor, Männer könnten sich mit Hilfe meines Buchs zu unwiderstehlichen Profi-Charmeuren aufrüsten, denen man hilflos ausgeliefert ist.

Besonders verbreitet war das Vorurteil: »Ehrliche Komplimente kann man nicht lernen!«

Ein Kompliment-Ratgeber für Männer (den ich übrigens nie zu schreiben beabsichtigte – aber das wollten viele meiner Gesprächspartnerinnen nicht hören) sei doch, so sagte Heike, eine 24jährige Journalistin, »die nackte Aufforderung zur Manipulation«. Dann fügte sie trotzig hinzu: »Bei euch Männern muß alles über den Kopf gehen. Immer nur Berechnung und Planung. Ich will aber *spontane* Komplimente.«

Warum soll man die nicht auch lernen können? Und außerdem: Müssen alle Komplimente immer »spontan« sein?

Die Angst vor dem Zauber des Versicherungsvertreters

Französisch kann man lernen, Töpfern und Elektroinstallation auch. Sogar so schöne Dinge wie Klavierspielen oder Tanzen. Wer sich eine dieser »harmlosen« Künste aneignet oder bestehende Fähigkeiten in dieser Hinsicht ausbaut, erntet Anerkennung und Wohlwollen.

Auch überall da, wo es um Kommunikation geht, kann man »lernen«, »sich verbessern« oder »trainieren«. Doch das steht in keinem hohem Ansehen. Offenbar wird befürchtet, zum Opfer der in Rhetorik und Körpersprache geschulten Kommunikatoren zu werden, den frisch erworbenen Manipulationskünsten der Verführer auf den Leim zu gehen.

Warum kann sich niemand vorstellen, daß positive Ziele verfolgt werden? Wer sagt eigentlich, daß jeder,

der sich bewußt mit der Verbesserung seiner Kommunikation befaßt, einem am Ende unnötige Zeitschrif-
tenabonnements aufschwatzt?

Edel, hilflos und faul –
Verlegenheitskomplimente

Noch in einem anderen Zusammenhang spricht alles
dafür, daß man – und hier sind vor allem Männer
gemeint – das Komplimentemachen lernen sollte:

Viele Männer wollen etwas schenken, aber sie wissen nicht, *was*. Also gehen sie in eine Parfümerie, um
sich das Problem von einer Expertin lösen zu lassen.

Ganz ähnlich gehen sie das Problem mit den Komplimenten an. Wo gibt's Patentlösungen, wer verkauft
Komplimente im 75-cl-Zerstäuber?

Ich glaube, sie wollen damit gar keinen Unfug an-
stellen, niemanden ausnutzen oder manipulieren. Sie
wollen es sich nur ungeheuer einfach machen.

Aber die Frauen sind zu anspruchsvoll, um sich mit
der modischen Kompliment-Serie von Chanel (der
aus der Fernsehwerbung) abspeisen zu lassen. Männer müssen ihre duftigen Kompositionen selbst zu-
sammensetzen – nachdem sie es gelernt haben.

Wem macht man
welche Komplimente

Frauen und Männer unterscheiden sich stark in ihren
Ansprüchen an die Art von Schmeichelei, die sie sich
wünschen. Wer mit seinen Komplimenten ankommen
will, sollte wissen, worin genau diese Unterschiede
bestehen.

Männer machen Frauen Komplimente

Es mangelt nicht an Themen bei dieser verbreitetsten Konstellation, wohl aber häufig an Sensibilität auf seiten der Männer:

Viele interessieren sich kaum dafür, welche Inhalte und welchen Grad von Intimität Frauen sich von ihnen wünschen. Besonders selten bemerken sie, wenn sich die Bedürfnisse einer Frau verändern. Von so etwas wie momentaner Laune haben viele offenbar noch nie gehört.

Manche Männer gehen wohl davon aus, daß Frauen wie ein Computerprogramm funktionieren. »Mach ich dies, muß jene Reaktion kommen, und dann folgt als nächstes das«, und so weiter. Zeile für Zeile abspulen, Häkchen dran.

Außerdem begreifen manche erst, daß eine Frau längst genug von ihren Schmeicheleien hat, wenn sie es ihnen laut und deutlich ins Gesicht sagt. Unter einem charmanten Mann stellt sie sich etwas anderes vor.

Frauen wünschen sich taktvolle, angemessene Komplimente, hinter denen sich nichts weiter verbirgt als der Wunsch, eine Freude zu machen, ohne Gegenleistungen dafür zu erwarten. Nur unter diesen Umständen sind sie bereit, sich einem Mann langsam zu öffnen.

Frauen machen Frauen Komplimente

Komplimente von Frau zu Frau sind sehr verbreitet und werden gemeinhin positiv aufgenommen. In Inhalt und Ton treffen Frauen eher die Bedürfnisse ihrer Empfängerinnen.

Die 30jährige Inge, Kindergärtnerin, sieht den

Grund dafür so: »Frauen haben wohl eher ein Auge
für alles, was sich an einer Frau verändert. Wenn ich
neue Kleidung trage oder sich sonst irgendwas an
meinem Aussehen geändert hat, bekomme ich eher
ein Kompliment von einer Frau als von einem Mann.«

Daß Frauen die besseren Beobachter sind, vermuteten die meisten meiner Gesprächspartnerinnen. »Man
hat Tage, da ist die Haut besser als sonst, oder man
konnte mal richtig ausschlafen. Sowas entgeht Männern immer.«

Außerdem haben Frauen einen Wissensvorsprung.
»Ich als Frau weiß natürlich ganz genau, was eine
Frau gern hört und wo sie jemanden braucht, der ihr
den Rücken stärkt oder ihr sagt, hey, das ist eine tolle
Sache, die du da ausprobiert hast.«

Während Komplimente von Mann zu Mann immer
mit der latenten Unterstellung zu kämpfen haben,
hier seien homosexuelle Aspekte im Spiel, sehen
Frauen in Schmeicheleien von Frauen keine sexuelle
Komponente.

Von Freundin zu Freundin macht man sich immer
mal Komplimente. Auch unter Kolleginnen in der Firma sind kleine Nettigkeiten am Rande selbstverständlich. Es verbindet den weiblichen Teil der Belegschaft
ein offensichtliches Interesse, sich gegenseitig als
Mensch wahrzunehmen und aus den harmonisieren-
den Eigenschaften der Komplimente Entspannung zu
schöpfen.

Komplimente zwischen Frauen sind wesentlich
»normaler« als Komplimente zwischen Männern.
Auch scheinen Frauen eher einer anderen Frau als einem Mann ein paar charmante Worte zu sagen —
sieht man einmal vom Geturtel zwischen Liebenden
ab.

Männer bekommen Komplimente

Frauen sind es gewohnt, Komplimente zu erwarten und zu bekommen. Männer haben sich an die Rolle des Charmeurs gewöhnt und fühlen sich recht wohl darin. So weit, so gut. Doch was passiert, wenn die Rollen vertauscht werden?

Dazu eine kurze Erzählung von Beate, 44. Sie machte einem Kollegen im Gewerbeaufsichtsamt ein kleines Kompliment. »Ich habe ihm nur gesagt, daß ich seine Kleidung sehr geschmackvoll fand und daß er besonders gut aussah an dem Tag. Seine Reaktion: Endlos lange hat er mich davon zu überzeugen versucht, daß das doch normal sei und er dieses Kompliment eigentlich gar nicht verdient habe.«

Das gefiel Manuela nicht besonders.

»›Verdient‹! Muß immer alles ›verdient‹ sein? – Ich wurde langsam sauer. Warum nimmt er das Kompliment nicht einfach an, freut sich und sagt danke?«

Diese Situation ist typisch für viele Männer. Noch immer scheint es sich mit ihrem althergebrachten Rollenverständnis nur schlecht vereinbaren zu lassen, »einfach nur so« ein Kompliment zu bekommen. Weil viele Männer nicht fähig sind, Komplimente anzunehmen, verderben sie Frauen (und natürlich auch schmeichelnden Männern) den Spaß am Charmantsein.

Nicht gerade ermuntert fühlen sich Frauen auch durch eine andere verbreitete Reaktion: »Das ist doch nicht der Rede wert«, »das mache ich doch mit links«, »ich finde nichts Besonderes dabei«. Als würde ein Kompliment weniger »peinlich«, wenn man es »widerlegt«. Seltsam, daß gerade diese besessen bescheidenen Männer kein Problem haben, wenn sie von sich aus das Thema »Warum ich so klasse bin« anschneiden und sich in den lautesten Tönen loben.

Warum fällt es Männern so schwer, Komplimente anzunehmen?

Auf der Suche nach einer Antwort möchte ich ein
wenig abschweifen: Einige Feministinnen meinen, jedes Kompliment sei chauvinistisch, weil es die Frau in
die Rolle der gnädig Beschenkten dränge, die dankbar
ihre Augen niederzuschlagen hat. »Oh, danke, Herr,
das habe ich wirklich nicht verdient.«

Auch wenn ein Kompliment nicht bewußt so gemeint sein mag, läßt sich doch eine gewisse Verwandt-
schaft zu Gnade und Herablassung nicht abstreiten.
So manches Kompliment ist – wie auch die Höflich-
keitsrituale der »Gesellschaft« – eine Geste des Stär-
keren, mit der er dem Schwächeren das Gefühl der
Gleichrangigkeit geben möchte – ohne aber einen
Millimeter von seinen Privilegien abzurücken.

Und damit zurück zum eigentlichen Thema: Welcher Mann möchte schon der Schwächere sein?

In vielen Beziehungen ist es längst üblich geworden, daß Frauen ihren Partnern Komplimente machen. Oft sind sie es, die mit ihrer charmanten Aufmerksamkeit dafür sorgen, daß sich ein gewisses Kni-
stern nach Jahren noch hält. Auch am Arbeitsplatz
kann man immer mehr Frauen begegnen, die sich und
ihren Kollegen mit Nettigkeiten die Laune verbessern.
Das wird sogar von konservativen Männern nach kurzer Zeit akzeptiert und normalerweise durch einen
angenehmeren Umgangston beantwortet.

Trotzdem kommt es, gerade in der Freizeit, immer
noch zu Mißverständnissen bei Komplimenten von
Frau in Richtung Mann, wie Juliane, 21, erzählt. Sie
hat einem Nachbarn »ab und zu mal was Nettes gesagt. Was ist schon dabei? Ich sage doch Frauen
auch, wenn ich sie aufregend gestylt finde.«

Julianes Nachbar bekam die schönen Worte in den
falschen Hals. »Er hat sich so verhalten, als hätte ich
ihn angefleht, mal mit mir ins Bett zu gehen.«

Wenn Männer es nicht gewohnt sind, von Frauen Komplimente zu bekommen, neigen sie zur Überinterpretation und verteidigen sich dann mit Erklärungen wie »Ist doch klar, daß man sich was einbildet, oder? Daß mehr dahinter steckt, meine ich.«

Schnell wird aus der Bemerkung über die hübsche Krawatte der große erotische Antrag herausgehört. Frauen fragen sich: »Können Männer an nichts anderes denken?«

Viele Männer können zumindest nicht zwischen Nettigkeit und Anmache unterscheiden. Übrigens sind es besonders die selbstsicheren Herren, die dazu neigen, die Signale von Frauen überzuinterpretieren.

Man kann sich die Verwicklungen leicht vorstellen, die aus solchen Mißverständnissen entstehen, und es verwundert niemanden, daß Frauen nach einem derartigen Erlebnis wenig Lust haben, Männern weitere Komplimente zu machen.

Wofür kann man Männern Komplimente machen?

Vielen Männern ist es grundsätzlich peinlich, ein Kompliment zu bekommen. Auf ein Lob sprechen sie unverkrampfter an. Sie brauchen einen sachlichen Grund, um eine Schmeichelei akzeptieren zu können.

Will man ihnen Komplimente machen, beginnt man am besten mit einem Lob.

Beispiel: Sagt ein Mann »Ich habe den Auftrag bekommen«, freut er sich über das Lob: »Toll, Superleistung.« Nun könnte man ein Kompliment anhängen: »Ich kenne keinen so geschickten Taktierer wie dich.«

Wer Männern Komplimente machen möchte, sollte sich fragen: Worauf ist er stolz?

- »Du bist ein so vielseitiger Handwerker.«
- »Du hast alles im Griff.«
- »Erstaunlich, was du alles weißt.«

Wenn ein Mann so etwas hört, strahlt er übers ganze Gesicht.

Leistungsorientierte »Du bist«-Komplimente passen besser zum männlichen Rollenverständnis als »Ich finde dich«-Schmeicheleien.

Jedes dieser Komplimente kann man durch Formulierung und Vortrag so abschwächen, daß man sich selbst nicht als zum Mann aufblickendes Dummchen fühlen muß.

Männer lassen sich aber nicht nur gerne ihre überlegenen Fähigkeiten − besonders als Problemlöser und Manager jeder Situation − bestätigen. Über alles lieben sie Komplimente mit Vergleichscharakter:

- »Besser als ein Profi.«
- »Besser als meine Ex-Männer.«

Männer sind mindestens genauso eitel wie Frauen und hören mit Begeisterung vielstrophige Lieder über ihr attraktives Äußeres, ihre Männlichkeit an sich und über all das, mit dem sie sich schmücken − von der einzigartigen Krawatte über den imposanten BMW bis hin zu ihren beeindruckenden Beziehungen nach ganz oben.

Eine Frau, die einem Mann ein Kompliment macht, weil sie *beeindruckt* ist, rennt offene Türen ein.

Bei den romantischeren Themen nimmt die Zahl der männlichen Fans deutlich ab. Andererseits beobachten Frauen, daß Männer es sehr schnell genießen lernen, wenn ihre Partnerinnen ihnen häufiger poetische Anmerkungen zum geheimnisvollen Glanz der Augen oder dem Duft ihrer Haut machen.

Männer machen Männern Komplimente

»Das war für mich total ungewohnt. Ich dachte spontan, ob der wohl ein bißchen schwul ist.«

Wen wundert es? Männer sind es nicht gewohnt, von ihresgleichen Nettigkeiten zu hören.

In den USA, einem Land mit einer ganz anderen Komplimentkultur, gehen Männer anders miteinander um. Für Deutsche kann es da Umstellungsprobleme geben, wie Thomas, 42, bei einem längeren Aufenthalt am eigenen Leib erlebte: »In den ersten Wochen hat mich das immer wieder in Verlegenheit gebracht. Da bist du auf einer Party oder kommst in ein Büro, und so ganz nebenbei mustert dich ein Mann von oben bis unten und sagt dir dann: ›Toller Anzug. Du siehst klasse darin aus.‹ Oder sogar: ›Sehr sexy!‹ Ich mußte erst lernen, das für ›normal‹ zu halten.«

Bei uns gibt es keine vergleichbar verbreiteten Mann-zu-Mann-Komplimente.

»Wenn sich in Deutschland Männer etwas Nettes sagen, dann handelt es sich immer um ein handfestes Lob. Du hast eine tolle Leistung gebracht, dafür klopft man dir auf die Schulter und sagt: Klasse, gut gemacht.«

Läßt sich die homoerotische Komponente ganz ausschließen, fragt sich der umschmeichelte Mann gern: »Warum macht mir ein Mann Komplimente?«, und viel zu selten kommt er auf die Idee, daß es sich um pure Nettigkeit handelt. Eher vermutet er, daß der andere etwas im Schild führt.

Für Männer, die Männern Schmeichelhaftes sagen möchten, bedeutet das: Nicht zu dick auftragen, möglichst immer einen Grund mitliefern und, wenn sich die Komplimente an Kollegen oder Bekannte richten, die Empfänger langsam an den Schmusekurs gewöhnen.

Themen suchen und finden

Man kann nicht immer nur von der Schönheit der
Augen schwärmen. Zwar läßt sich dieser Klassiker
hundertfach variieren, aber trotzdem: Der wahre
Charmeur braucht täglich neue Themen.

Er muß nicht erst auf eine spektakuläre Besonder-
heit warten, um etwas Bemerkenswertes an einem
Menschen zu entdecken – im Gegenteil: »Ich habe
schon Komplimente für Kleinigkeiten bekommen, die
mir selbst an mir nie aufgefallen wären. Das waren
immer die besten.«

Erfolgreiche, frische Komplimente gehen leicht
über die Lippen, wenn man seine Mitmenschen ganz
genau beobachtet.

Gerd, 38, Architekt, hat einen besonderen Blick
entwickelt: »Ich sehe meine Umgebung ganz automatisch mit einer Art Kompliment-Augen an.« An jedem
Menschen findet er etwas Besonderes, auch an der
Frau, mit der er seit acht Jahren zusammen ist: »Meine Freundin ist jeden Tag anders.«

Man muß sich nur ein bißchen mehr mit seinen
Mitmenschen beschäftigen, sie genauer betrachten
und ihnen zuhören, und bald weiß man nicht mehr,
wo man anfangen soll, soviele Themen drängen sich
auf.

Das Bemerkenswerte bemerken

Die eigenen Empfindungen
Den »Anlaß« für ein Kompliment kann man in sich
selbst finden. Viele der schönsten Nettigkeiten handeln von den Empfindungen, die man der umschmeichelten Person zu verdanken hat:

- »Wenn du mich ansiehst, vergesse ich einen Augenblick lang alles um mich herum.«
- »Wenn ich dich sehe, habe ich sofort gute Laune.«
- »Du bringst mal wieder Sonnenschein in mein Leben.«
- »Wenn du lächelst, kann ich nicht mehr böse sein.«

Besonderheiten und Veränderungen

Das Besondere verbirgt sich im Alltäglichen. Man muß es nur zu entdecken lernen. Fragen Sie sich:

- Was ist das Besondere in dieser Situation?
- Habe ich gerade eine besondere Empfindung, die mit meinem Gegenüber zu tun hat?

Schon ist der »Anlaß« für ein Kompliment gefunden.

Das kann z. B. eine kleine aktuelle Beobachtung sein, auf die man spontan mit einem Kompliment reagiert. Solche Komplimente wirken besonders ehrlich, weil man sie offensichtlich nicht vorbereiten konnte.

- »Du müßtest sehen können, wie verschmitzt du gerade lächelst!«
- »Wie du vor einer Sekunde die Augen verdreht hast, das war wirklich unwiderstehlich. Kannst du das noch mal machen?«

Wie von selbst entwickelt sich ein Kompliment, wenn man eine offensichtliche Veränderung an seinem Gegenüber bemerkt. In unserem Beispiel soll eine Frau zum ersten Mal ein neues rotes Kleid tragen. Die Frau, nennen wir sie Ulrike, führt es sogar ein bißchen vor, denn sie möchte wissen, ob ihr Freund aufmerksam genug ist, das neue Outfit zu bemerken. Mehr noch: Es *soll* ihm gefallen, denn Ulrike hofft, daß er ihren Geschmack teilt.

- »Schönes Kleid. Steht dir toll.« Das ist das mindeste, was er ihr sagen muß.

Doch mit einem kleinen bißchen mehr Mühe könnte er seine schwache Anmerkung wesentlich aufwerten:

- »Es steht dir toll, weil . . .« – Ja, warum eigentlich?
- »Es steht dir so toll wie . . .« – Und nun folgt ein überzeugender Vergleich.
- »Es macht aus dir . . .« – was?
- »Es erinnert mich an . . .« – etwas anderes Schönes an ihr.
- »Toll, daß du immer wieder solche Klamotten auftreibst. Du mußt einen Riecher dafür haben.«
- »So wie du das wieder zusammengestellt hast, ist das Ganze viel mehr als die Summe seiner Teile.«
- »Das paßt bestimmt zu deinen Türkis-Ohrringen.«

Eine solche Bemerkung würde ihn für die Oberliga der Kavaliere qualifizieren. Mit diesem Kompliment beweist er, daß er Ulrike über eine längere Zeit intensiv beobachtet hat und sich, sogar unaufgefordert, ihren Kopf zerbricht. Ein Traummann!

Das Aufspüren von Komplimentanlässen ist eine Art Schatzsuche. Durch aufmerksame Betrachtung sammeln wir die Rohedelsteine, die wir sorgsam schleifen und polieren können. Eine poetische Form hat noch keiner Schmeichelei geschadet.

Nichts übersehen!

Neue Kleidung, neue Schuhe, neue Frisur, neuer Schmuck, neue Farben im Make-up, umgestellte Möbel, neue Bilder, jede Art von Neuanschaffung und überhaupt alle deutlichen Veränderungen *darf* man nicht übersehen, schon gar nicht beim Partner oder der Partnerin. Sonst heißt es bitter: »Ich war furchtbar enttäuscht, als ich merkte, daß er mich offensichtlich nicht mehr richtig anguckt. Dabei leben wir doch zusammen!«

Außer der Beobachtungsgabe eines überdurchschnittlichen Fernsehdetektivs braucht man auch ein gutes Gedächtnis, damit einem kein einziger Vorher-Nachher-Effekt entgeht.

Die Dauerbeobachtung

Wo es keine Veränderungen zu bemerken gibt, da läßt

sich auch aus dem immer Gleichen das eine oder andere Kompliment bauen.

- »Du weißt, wie ich dich in deinem roten Kleid liebe.«

Sicher weiß sie das längst, und vielleicht hat sie es extra angezogen, um ihm zu gefallen und eine aufmerksame Bemerkung dafür zu bekommen.

Trägt unsere Beispiel-Frau Ulrike zum hundertsten Male hintereinander ihr rotes Kleid (oder gar etwas leicht Schäbiges, so daß sie sich für ihr Aussehen schämt), sagt der Charmeur:

- »Nun trägst du dieses Kleid schon seit Wochen – aber jeden Tag trägst du es anders.«

Oder, kaum weniger poetisch (für manchen Geschmack sogar kitschig):

- »Ich sehe dein rotes Kleid jetzt schon seit Jahren an dir. Gerade hatte ich das Gefühl, ich sei mit ihm befreundet.«

Resümierende Komplimente
Völlig ohne »konkreten« Anlaß kann man über die Qualitäten des anderen nachdenken und bilanzieren:

- »Du bist seit Jahren die aufregendste Frau von allen.«
- »Du bist immer so elegant.«

Wahrscheinlich wird man nun gefragt werden: »Wie kommst du ausgerechnet jetzt darauf, mir das zu sagen?« und hat die Möglichkeit, ein paar charmante Erklärungen abzugeben.

Das assoziative Kompliment
Auch die belangloseste Beobachtung kann positive Empfindungen oder Gedanken auslösen:

- »Wenn ich dich in diesem Kleid sehe, muß ich an die großen Cinemascope-Filme der frühen 60er Jahre denken.«
- »Wenn ich dich in diesem Kleid sehe, fällt mir unwillkürlich

auf: Eine so spektakuläre Erscheinung muß einfach in eine
elegante Cocktailbar ausgeführt werden.«

- »Die Art, wie du das Wort ›Detail‹ aussprichst, bringt mich auf
  den Gedanken, daß...«
- »Wo ich gerade diesen BMW-Werbekugelschreiber in deiner
  Hand sehe, da denke ich mir...«
- »Als ich eben mitgekriegt habe, wie du diesem Touristen
  den Weg erklärt hast, habe ich mir vorgenommen, häufiger
  hilflos zu sein.«

Erinnerungs-Komplimente

- »Ah, das hübsche rote Kleid, das du auch auf der Fahrt
  nach Hamburg anhattest!«
- »Wo ich gerade dein hübsches Kleid sehe, erinnere ich
  mich, wie du es letztes Jahr im Urlaub gekauft hast und...«
  – Erst jetzt folgt das eigentliche Kompliment.

Die angenehme Erinnerung an einen außergewöhnli-
chen Anlaß unterbricht für einen Augenblick den Alltag. Außerdem ist es ein schönes Gefühl, wenn sich
der andere gern an gemeinsame Erlebnisse aus der
Vergangenheit erinnert.

Erinnerungs-Komplimente wirken so sympathisch,
weil man sie maßschneidern *muß*. Sie erfordern zu-
dem einen relativ hohen Aufwand: Ohne ständiges
Interesse kommt nie genug Material für diese Form
der charmanten Aufmerksamkeit zusammen.

Andererseits: Ist es wirklich so schwierig, sich zu
merken, was die Menschen, die man mag, in der letzten Zeit gesagt, getan und wie sie ausgesehen haben?

Michael, ein Mittfünfziger mit einem besonders
charmanten Wesen, verriet mir, daß er seine Erinnerungs-Komplimente lange vorbereitet: »Es gibt Momente, die sind so bemerkenswert, daß du dich gar
nicht entscheiden kannst, was sage ich jetzt, weil du
so viele Ideen hast. Aber du kannst nur *ein* Kompliment machen.« Seine anderen Ideen verwirft er aber
nicht. »Die hebe ich mir auf. Es bieten sich in den
nächsten Tagen ganz bestimmt mehrere Möglichkeiten, auf sie zurückzukommen.«

Michael betreibt eine überaus effektive und dabei doch sympathische Art des Recycling.

Oft sind Träume der Gegenstand von Erinnerungs-Komplimenten:

- »Letzte Nacht habe ich von dir geträumt. Du hattest dein hübsches rotes Kleid an und warst eine Prinzessin. Du lebtest, wie du es eigentlich ja auch verdienst, in einem großen Schloß und ...«

Niemand weiß, wieviele dieser Träume wirklich geträumt wurden. Aber ausgedachte Träume klingen genauso romantisch, oder?

Schlagfertige Improvisationen

Komplimente lassen sich in jeder alltäglichen Konversation unterbringen − wenn auch nicht so massiv wie in dem folgenden Beispiel:

Sie: »Willst du noch ein Glas Champagner?«

Er: »Nein, mir reicht dein Lächeln.«

»Was hast du gestern abend gemacht?«

»Die schönste Frau der Welt vermißt.«

»Nein, ernsthaft. Du warst doch im Kino, oder?«

»Ja, und Julia Roberts konnte es nicht mit dir aufnehmen.«

»Wie war der Film?«

»Toll, aber nicht halb so unterhaltsam, wie die Geschichten, die du mir immer vom Büro erzählst.«

»Bist du danach noch einen trinken gegangen?«

»Ich stand am Tresen und stellte mir dich in deinem roten Kleid vor.«

Und so könnte es endlos weitergehen.

Blitzartig muß der Charmeur sich eine passende Schmeichelei ausdenken und anbringen. Wenn man Zeit zum Überlegen hätte, fiele einem zu jedem Satz eine entsprechende Bemerkung ein. Im Gespräch könnte man, wenn man sich etwas Mühe gibt, immerhin auf ein Kompliment alle fünf Minuten kommen. Aber weniger ist mehr, denn schnell nutzt sich diese Art des Komplimentemachens durch Übertreibung ab.

Übung:

Ich mag schematische Abläufe nicht, und gerade zu einem so emotionalen Thema wie den Komplimenten scheinen sie nicht recht zu passen. Dennoch werde ich ein paar kurze praktische Übungen vorschlagen, die jeder ausprobieren kann. Ich bin sicher, daß mir Ihr Erfolg recht geben wird.

1. Notieren Sie, was Ihnen auffällt und gefällt.
Konzentrieren Sie sich am ersten Tag Ihres Versuches auf das Aussehen, am nächsten Tag auf das Verhalten Ihrer künftigen Komplimentempfänger.

Schreiben Sie jedes Detail auf, das Ihnen auffällt. Interessieren Sie sich nur für positive oder mindestens neutrale Eigenschaften und Beobachtungen.

Beispiel: »Mir gefällt dein Haar. Mir gefallen deine Hände. Mir gefällt, wie du dem Touristen vorhin den Weg erklärt hast. Mir gefällt deine Stimme. Mir gefällt, wie schnell du im Restaurant bestellt hast. Mir gefällt, wie du albern bist. Mir gefällt dein Parfüm.«

2. Versuchen Sie, feine Veränderungen an den Menschen Ihrer Umgebung zu bemerken.
Fragen Sie sich:
• Was ist in diesem Augenblick anders an ihr/ihm als gestern oder vorhin?
Schreiben Sie Ihre Beobachtungen auf.

3. Entdecken Sie übersehene Eigenschaften.
Fragen Sie sich:
• Was ist heute oder jetzt genauso wie immer, wurde aber bestimmt noch nie erwähnt oder gewürdigt?
Notieren Sie auch hier alle Ihre Vermutungen hinsichtlich Aussehen, Verhalten, Charakter.

Nach diesen Übungen besitzen Sie reichlich Grundstoff für Ihre Komplimente.

Wofür bekommt man Komplimente?

Ich möchte hier die wichtigsten und beliebtesten Komplimentthemen vorstellen, weil es nicht schaden kann, die eine oder andere Inspiration zu bekommen. Der eigenen Fantasie sind natürlich keine Grenzen gesetzt.

Auch in diesem Teil des Buches habe ich als Beispiele überproportional viele Komplimente gewählt, wie Männer sie Frauen machen. Ich will damit nicht der klassischen Rollenverteilung das Wort reden, aber unabhängig davon, ob diese Konstellation in der Praxis am häufigsten vorkommt oder nicht, steht doch fest: So herum lassen sich die Probleme, Empfindlichkeiten und Mißverständnisse am besten erklären.

Selbstverständlich können Sie die Geschlechter nach Belieben austauschen.

Aussehen und Attraktivität

Die weitaus meisten Schmeicheleien beschäftigen sich mit dem Aussehen. Sie bieten sich besonders oft an und lassen sich überall ohne Schwierigkeiten plazieren. Trotz ihrer Verbreitung müssen sie nicht abgegriffen, beliebig oder belanglos klingen.

Das Gesicht als Ganzes
In den Gesichtszügen spiegelt sich die Persönlichkeit. Daher werden diese Komplimente besonders wohlwollend aufgenommen. Der Vorteil gegenüber dem Persönlichkeitskompliment besteht darin, daß man lockerer reagieren kann, weil dem Gesichts-Kompliment jedes Pathos fehlt.

Es ist nicht leicht, diesem Thema neue Seiten abzugewinnen, statt mehr oder weniger einfallsreich das Wort »hübsch« zu umschreiben.

Ein Gesicht kann z. B. sein: intelligent, witzig, klug, erwachsen, fröhlich, wandlungsfähig, vielseitig, facettenreich, bunt, lebendig, optimistisch, geheimnisvoll, schön, offen, interessant, ungewöhnlich etc. Von jeder dieser Eigenschaften kann man ausgehen und spielerisch Begriffe und Bilder anknüpfen, bis sich überzeugende Komplimente herauskristallisieren.

- »Du hast ein hübsches Gesicht.« – Langweilig. Wenn es tatsächlich so schön aussieht, hat der Empfänger dieses Kompliment schon so oft gehört, daß es ihm längst auf die Nerven geht.
- »Dieses Gesicht wird noch schön sein, wenn du längst Rente beziehst.«
- »Ich wünschte, die ganze Welt könnte dieses Gesicht jetzt sehen!« – Schon viel besser.
- »Du hast das einzige Gesicht, das ich mir merken kann.«
- »Dein Gesicht braucht kein Make-up.«
- »Nach diesem Gesicht dreht man sich auf der Straße um.«
- »Mit dem Gesicht könntest du als Model arbeiten.« – Peinlich, wenn die Empfängerin Models für dümmliche Schaufensterpuppen hält.
- »Arbeitest du als Model?« – Geht als humorvoll durch, wenn ironisch genug gefragt wird.
- »Du hast das Gesicht eines Filmstars.« – So klingt die einfachste Variante des »Doppelgänger«-Komplimentes.
- »Dein Gesicht erinnert mich an Cindy Crawford.« – Oder eine andere berühmte Schönheit, mit der es optische Gemeinsamkeiten gibt. Kultivierter wirkt der Vergleich mit klassischen Statuen oder Gemälden großer Künstler mit Ausnahme der überstrapazierten Mona Lisa.
- »Du hast das Gesicht einer Sphinx.« – Oder im Fall eines Mannes »das klassische Profil«, »das Gesicht eines Kämpfers« etc.
- »Dein Gesicht ist eine geheimnisvolle Landschaft.« – Schöne Metapher, kann aber von Menschen mit vielen Falten als Beleidigung mißverstanden werden.
- »Dein Gesicht strahlt eine wunderbare Ruhe aus.« – Gut.

Natürlich kann es auch Lebenslust, Klugheit, Wärme oder eine andere sympathische Eigenschaft ausstrahlen.

- »Dein Gesicht leuchtet aus jeder Menschenmenge heraus.«
- »Ich liebe Gesichter, die man sich merken kann.« – Dieses Gesicht muß nicht unbedingt »schön« sein, der Charmeur spricht von »Charakterkopf«.
- »Seit mindestens einer Woche habe ich kein so bemerkenswertes Gesicht mehr gesehen.« – Diese Formulierung sollte man sich merken.
- »Dein Gesicht sehen heißt: Cindy Crawford vergessen.« – Witzige, sympathische Übertreibung.
- »Ich liebe, daß man in deinem Gesicht nie sicher sehen kann, was du denkst.«
- »Sieh mich an, und ich bin glücklich.«

Der Mund

Zwar gibt es beim Mund ganz klare Vorstellungen, wie er auszusehen hat, um schön zu sein. Aber auch der zu breite Mund (»wie Julia Roberts«), der kleine Mund oder schmale Lippen (»katzenhaft«) eignen sich für Komplimente. Besonders die mimischen Bewegungen des Mundes beim Lächeln, beim Sprechen und als Reaktion beim Zuhören werden in Komplimenten behandelt. Um sich verständlich zu machen, wird man mit dem eigenen Mund den Ausdruck nachstellen, der einem gefällt.

Das Wort »Mund« kann in den meisten Fällen durch »Lippen« oder »Lächeln« ersetzt werden. Das gestattet dem Charmeur, auch Personen Komplimente zu machen, die ganz offensichtlich keinen hübschen Mund besitzen. Aber gibt es einen Menschen, der nicht wenigstens ab und zu sympathisch lächelt oder lacht?

Normale Komplimente:

- »Ich liebe deinen Mund.« – Für den Anfang besser als »Ich finde dich hübsch«.
- »Ich könnte dir ewig zuhören, nur um deinen Mund in Bewegung zu sehen.« – Überzeugend, weil intelligent.

- »Ich hätte nie gedacht, daß ein Mund so abwechslungsreich sein kann.«
- »Dein Mund ist geheimnisvoll.« – Er könnte aber auch verwirrend, einzigartig, gefährlich, aufregend, einfach anders und vieles mehr sein.
- »Das ist der intelligenteste Mund, den ich je gesehen habe.«
- »Dieser Mund hat mehr Persönlichkeit als die meisten Gesichter.«
- »Dein Mund ist ein Versprechen.« – So kußorientiert sollte es gegenüber Fremden nicht gleich klingen.
- »Dein Mund ist ein Kunstwerk« – oder, besser noch »mein neuer Maßstab der Schönheit«.
- »Kein anderer Mund kann soviel sagen, ohne die Lippen zu öffnen.«
- »Dein Mund schenkt mir Optimismus.« – Oder was sonst?

Besonders genaue Beobachtungen:

- »Ich liebe die feine Zeichnung deiner Lippen.« – Je detaillierter, desto individueller.
- »Ich liebe es, wenn das elegante Matt deiner Lippen beim Lächeln zu glänzen beginnt.« – Für manchen Geschmack etwas zu kitschig.
- »Wie schön sich die Landschaft deiner Lippen beim Sprechen ändert. Wenn du ernst bist oder böse, legen sich die Fältchen ordentlich und in strengem Matt nebeneinander. Wenn du lächelst, glänzen deine Lippen.« – Poesie ist schwierig. Wer kann so etwas schon aus dem Ärmel schütteln.
- »Selbst wenn du kein Wort redest, sagst du mir etwas durch die kleinen Bewegungen in deinen Mundwinkeln.«

Witzige Ideen:

- »Darf ich dir noch ein wenig länger auf den Mund sehen?«
- »Oh, ja, mach diesen Mund noch mal!« – Sehr sympathisch und lebendig.
- »Deine Lippen beeinträchtigen das Betriebsklima – sie lenken mich von meinen Pflichten ab.«
- »Dein Mund ist der einzige Grund, um in dieser Firma nicht zu kündigen.«
- »Nichts ist schlimmer, als mit dir zu telefonieren. Denn dann versäume ich die Bewegungen deiner Lippen.«
- »Man sollte dir den Mund verbieten lassen – er macht zu viele Männer verrückt.« – Sehr gute Pointe.

- »Sprich zu mir, schönster Mund Hessens!« – Muß theatralisch vorgetragen werden.
- »Oh Gott, warum wurde ich nicht als Ihr Lippenstift geboren!?«
- »Wann darf ich diesen Mund endlich malen?«
- »Ich warte immer auf den Moment, wo du diesen Mund abnimmst. (Kunstpause) Sowas Wunderbares kann nicht echt sein.«
- »Sag mir Bescheid, wenn du das nächste Mal lächeln möchtest. Etwas so Bezauberndes möchte ich auf keinen Fall versäumen.«

Lächeln und Lachen

Hört man sich Komplimente an, die Lächeln oder Lachen zum Inhalt haben, werden folgende Eigenschaften genannt: ansteckend, tröstend, motivierend, beschwingend, entwaffnend, überraschend, geheimnisvoll, vertraut, kokett, natürlich, offen, ironisch, verschmitzt, angedeutet, optimistisch, verführerisch.

Man mag diese Worte konventionell finden, aber auch hier gilt: Jedes einzelne kann die Basis einer Reihe schöner Komplimente bilden, man muß nur ein bißchen mit den Begriffen herumexperimentieren.

Fragen, die bei der Ideensuche helfen:
- Welchen Charakter hat das Lächeln?
- Womit kann es verglichen werden, woran erinnert es mich?
- Was habe ich empfunden, als ich angelächelt wurde?

Grübchen

Jeder Mensch liebt Grübchen. Gerade bei sonst eher unattraktiven Gesichtern können sich Komplimente auf die Grübchen beziehen.

Augen

Fast alle Augen sind schön – oder werden von dem einen oder anderen Betrachter wenigstens so empfunden. Daher kann man nicht viel falsch machen, wenn man die Augen oder den Blick in seinen Komplimenten vorkommen läßt.

Andererseits sind die Augen als Thema auch besonders abgenutzt – man muß sich etwas einfallen lassen, wenn man seine Komplimente von den abgedroschenen anderen abheben will.

Jedenfalls eignen sich die Augen hervorragend für erste Versuche in der Welt der schönen Worte.

Konventionelle Komplimente:

- »Deine Augen sind so unbeschreiblich schön.« – Zu verbraucht.
- »Das tiefe Blau deiner Augen fasziniert mich schon den ganzen Abend.« – Nicht sonderlich individuell, wenn man bedenkt, wie hoch der Anteil der Blauäugigen unter der Bevölkerung ist.
- »Deine Augen funkeln so schön« – oder sie »glänzen so wunderbar«. Auch nicht neu.
- »Deine Augen wirken kühl, aber du bist ganz anders.«
- »Das rätselhafte Braun deiner Augen geht mir nicht mehr aus dem Kopf.«

Genaue Beobachtungen:

- »Deine Augen wandern über mein Gesicht, als wolltest du mich zeilenweise lesen.«
- »Wenn dein Gesicht bis auf die Augen abgedeckt wäre, ich würde dich an deinem Blick sofort erkennen.« – Auf Rückfrage wird erklärt, woran genau, und das kann etwas Konkretes sein oder ein Gefühl.

Romantisch-kitschige Komplimente:

Romantische Formulierungen gleiten leicht ins Peinliche ab und »funktionieren« am besten in einer romantischen Atmosphäre.

Niemand fällt auf kitschige Komplimente herein, aber man sollte nicht unterschätzen, wieviele Menschen den Courths-Mahler-Stil geradezu lieben, wenn er mit ein bißchen Selbstironie vorgetragen wird.

- »Deine Augen sind eine ganz eigene Welt für sich.«
- »Ich mag die Farbe deiner Augen. Sie erinnert mich an die Stille eines Bergsees.« – Fast so kitschig wie die bekannten Formulierungen: »So tief wie der Ozean«, »So blau wie der unendliche Himmel« und alle ihre überstrapazierten Verwandten.

- »Ich kann mich immer wieder in deinen Augen verlieren.« – Spitzenreiter in Sachen Abgegriffenheit.
- »Deine Augen sind wie eine Stradivari, und deine Blicke sind eine Symphonie.« – Die Kitschskala ist eben doch nach oben offen.
- »Ein Blick in deine Augen ist wie das Rätsel in einem Märchen.«
- »Irgendwann werde ich begreifen, was das Geheimnis hinter diesen Augen ist.«
- »Erstaunlich, wie klar und deutlich deine Augen sprechen. Die meisten Blicke, die man bekommt, sind nur ein Flüstern.«
- »Ein Foto könnte die Magie deiner Augen nur unvollständig bannen.« – Gut. Romantisch, ohne Sülze.

Ausrufe

- »Da war er wieder!« (Pause. Wahrscheinlich kommt jetzt die Rückfrage: »Wer?«) – »Mein Lieblingsblick!« – Dieses Kompliment ist ein kleiner Dialog und wirkt dadurch besonders überraschend und dramatisch.
- »Noch mal!« (Pause. Die andere Person fragt: »Was denn noch mal?«) »Diesen Blick!«
- »Nein, bitte nicht schon wieder verzaubern!«

Witzige Komplimente:

- »Bitte schließe deine Augen, wenn du an mir vorbeigehst.« (Rückfrage: »Warum?«) »Sie lenken mich zu sehr von meinen Pflichten ab.«
- »Bedanke dich bitte in meinem Namen bei deinen Eltern für diese Augen.«
- »Ein Blick in deine Augen, und die nächste Stunde muß ich mir freinehmen.«
- »Weißt du, daß du auf 142 verschiedene Arten schaust? (Kurze Pause) Au, das war Nummer 143.«
- »Die ersten paar Male, die du mich angesehen hast, hatte ich ein bißchen Angst um meine Gesundheit.« – Dem wird sich eine charmante Begründung anschließen müssen.
- »Fallen deine Augen eigentlich unter das Betäubungsmittelgesetz?«

Intelligente Komplimente:

- »Ich wüßte gern, was diese Augen sehen.« – Das Einsteigermodell.
- »Ich kenne ein Dutzend Frauen/Männer, die dich um diese Augen beneiden würden.«

- »Ein Blick von dir löscht das Wort ›Nein‹ aus meinem Wort-schatz.«
- »Du bist der beste Beweis dafür, daß man Intelligenz schon in den Augen sehen kann.«
- »Schöne Augen haben viele, aber du hast auch die passen-den Blicke für sie.«
- »Du hast die kompliziertesten Augen, die mich je angese-hen haben.« – Selbst komplimentresistente Naturen kön-nen dem nicht widerstehen und lechzen nach Erklärung.
- »Ich hoffe, man sieht mir die Wirkung deiner Blicke nicht so an.« – Sehr vornehm und gelungen! Derartig indirekte Komplimente befriedigen auch den verwöhntesten Ge-schmack.

Sonstige
- »Bei diesen Augen ist jeder Blick Hypnose.«
- »Du hast Augen, die man nicht fotografieren kann.« – Die-ses Kompliment kann nur die Einleitung einer ausführliche-ren charmanten Betrachtung sein.
- »Nein, ich werde dir nichts über deine Augen sagen. Die sind bestimmt schon allen anderen aufgefallen.« – Ganz si-cher folgt nun die Aufforderung, es doch zu versuchen.

Nase
Bei Nasen, die nicht dem Schönheitsideal entspre-chen, muß das Individuelle angesprochen werden, ohne eventuelle Komplexe zu streifen oder unange-nehme Mißverständnisse zu provozieren.

Beispiel: Ein freches Gesicht bekommt durch die zierlich-puppenhafte Nase etwas »Gutmütiges«. Ein Puppengesicht wird durch eine kräftige Nase »intelli-gent«.

Bei ungewöhnlich ausgeprägten oder unharmo-nisch wirkenden Nasen sollte man lieber nur vom ganzen Gesicht sprechen. Das ist sicherer.

- »Du hast eine bezaubernde Nase.« – Immerhin, denn viele Charmeure beschränken ihre Komplimente auf Augen und Mund.
- »Deine Nase paßt wunderbar zu deinem Lächeln.« – Der einfache Doppelpack.

- »Mir gefällt es, wenn du lachst und sich deine Nase kräuselt.«
- »Sag, was du willst: Diese Nase hat ein Künstler geschaffen.«
- »Deine Nase macht aus deinem Gesicht eine einzigartige Mischung aus Göre und Aristokratin.« – Oder welche Bestandteile man sonst im Gesicht entdeckt.

Eigenschaften, die ein Gesicht durch die Nase bekommen kann: vorwitzig, vornehm, aristokratisch, spöttisch, fein, lieblich, interessant, zerbrechlich, sexy.

Falten

Falten spiegeln die Biografie eines Menschen und schreiben seinen Charakter ins Gesicht. Sie können ihren Besitzer z. B. interessant, erfahren, optimistisch, neugierig, schelmenhaft, frech, vornehm etc. erscheinen lassen. Komplimente, die von solchen Falten handeln, ähneln denen über das Gesicht oder über den Charakter. Aber Vorsicht: Manche Menschen hassen Falten, die ihr Alter offenbaren.

Nur für Augenblicke zeigen sich die Falten des Mienenspiels: Lachen, Staunen, Zweifeln, Genießen – alle Empfindungen haben ihre eigenen Faltenmuster. Jeder dieser Momente hat seinen eigenen Charme.

Falten aus Altersgründen:

- »Ohne deine Fältchen wärst du nur halb so schön.«
- »Du hast ein interessantes Gesicht.« – Naja.
- »Dein Gesicht hat was zu erzählen.« – Schon viel besser.
- »Deinem Gesicht sieht man ein Leben voller Optimismus an.«

Mimisches Faltenspiel:

- »Du hast die schönsten Lachfalten der Welt.«
- »Ich muß mir unbedingt ein paar Witze merken, damit ich deine Lachfalten wieder sehen kann.«
- »Ich liebe deine Fältchen, weil sie so optimistisch aussehen.«
- »Ich sehe an deinen Fältchen, daß du gerne lachst.«
- »Ich mag es, wenn sich deine Stirn für einen Augenblick in Sorgenfalten legt, sich dann die Wolken verziehen und du wieder sonnig lächelst wie immer.«

- »Ich liebe die Wellen, die die Konzentration auf deine Stirn bringt.«

Haut

Komplimente zu diesem Thema wirken immer sinnlich. Auch von den empfindlichsten Naturen werden sie nicht als Sexismus mißverstanden.

- »Du hast so wunderbar weiche Haut.«
- »Alles ist so zart an dir.«
- »Ich liebe den Duft deiner Haut.«
- »Du siehst immer so gesund aus.«
- »Diese dezente Bräune ist beneidenswert.«
- »Ich wünschte, ich hätte deine Haut.«
- »Ich kenne niemanden mit einer so schönen Haut.«
- »Deine Haut ist ein Alptraum für die Kosmetikbranche.«
- »Deine Haut sieht so jung und frisch aus.«
- »Jetzt endlich verstehe ich das Wort Pfirsichhaut.«
- »Verrate mir das Geheimrezept für diese wunderbare Haut!«
- »Ich fasse dich so gerne an, weil ich deine Haut liebe.«
- »Wenn ich diese Haut sehe, möchte ich sie den ganzen Tag streicheln.«

Sommersprossen

Sehr viele Menschen mit Sommersprossen wünschen sich eine gleichmäßig pigmentierte Haut und wollen auf ihren »Makel« gar nicht angesprochen werden.

Andere hassen nur die Klischees, die immer mit Sommersprossen verbunden werden: »Niedlich, frech, burschikos, lustig, Pippi Langstrumpf«. Mit derartigen Formulierungen kann man leicht ins Fettnäpfchen treten.

- »Deine Sommersprossen machen aus deiner Haut einen Sternenhimmel.«
- »Ich möchte jeder Sommersprosse einen Namen geben und sie küssen.«
- »Moment mal!« (Es wird auf eine Stelle im Gesicht oder auf dem Arm gezeigt. Rückfrage: »Was ist denn passiert?«) »Gestern war hier noch eine wunderschöne Sommersprosse.«
- »Ich bin ja so verschossen in deine Sommersprossen.« – Verboten!

Leberfleck
Bei Leberflecken sollten Vergleiche mit Marilyn Monroe oder Cindy Crawford unterbleiben.

Haar und Frisur
Wo keine Frisur ist, kann man auch nicht von ihr schwärmen. Es sei denn, man liebt das Wilde und Ungebändigte an der Haarpracht eines Menschen.

Sehr schwierig sind Komplimente rund um das Haar bei Frauen mit mißlungenen Dauerwellen, kaputtem oder schlecht gefärbtem Haar. »Feines« Haar hingegen ist immerhin »wunderschön weich und seidig« – auch wenn die Besitzerin es haßt, weil keine Frisur vernünftig hält.

Dunkelblond ist bei Frauen die am wenigsten populäre Haarfarbe (»straßenköterblond«). Echte Rothaarige finden Komplimente für ihre Haarfarbe recht konventionell und wünschen sich eher, daß man ihre von ihnen selbst oft ungeliebte Haut mag.

Umfragen zufolge bevorzugen Männer blonde Frauen deutlich – entsprechend langweilig sind Komplimente zu diesem Thema.

Bei Männern mit Glatzenbildung oder Geheimratecken sollte das Thema Haar ganz ausgespart werden.

Haar kann sein: Dicht, kräftig, duftig, gesund, glänzend, gepflegt, weich, seidig etc. und sich auszeichnen durch: süße Locken, schönen Fall, tollen Halt etc.

Eine Frisur kann sein: Schick, ungewöhnlich, aufregend, frech, elegant, verführerisch, weiblich, das Tüpfelchen auf dem i etc. Sie macht mehr aus deinem Typ, paßt wunderbar zu deinem Gesicht und deiner Kopfform, paßt gut zu deinem Stil und deiner Kleidung, unterstreicht deine Stärken etc.

- »Du hast aber einen tollen Friseur! – Schmeichelt besonders einer Frau, die sich ihre Haare selbst »macht«.
- »Aus einer Traumfrau ist eine Traumfrau mit Frisur geworden.«
- (Frau zu Frau) »Ich bewundere dich, weil du dich traust, eine solche Frisur zu tragen.« – Kann als Kritik mißverstanden werden.

Make-up und Parfüm

Bei Make-up-Komplimenten geht es um die Veränderung, die man an einem bekannten Gesicht bemerkt. Typische Situation: Eine Frau schminkt sich fürs Ausgehen und kommt aus dem Badezimmer, um sich vorzustellen. Oder: Man trifft sich zu einem Rendezvous.

Die Einzelheiten der kosmetischen Anwendung werden im Kompliment vornehm ausgespart. Man konzentriert sich auf den Effekt des Schminkens (»Ich bin überwältigt!«) oder läßt die Schmeichelei klingen wie ein Gesichts-Kompliment.

Parfüm-Komplimente sollten den Eindruck erzeugen, man liebe den Geruch eines Menschen, nicht den eines Produktes aus der Fernsehwerbung. Da jeder Duft an jedem Menschen ganz anders riecht, sollte das kein Problem sein. Es gilt übrigens als unhöflich zu fragen: »Welches Parfüm benutzt du eigentlich?«

- »Ich glaube meinen Augen nicht. Wie hast du das gemacht?«
- »Ich weiß nicht, wie du das gemacht hast, aber ich bin überwältigt.«
- »Raffiniert!«
- »Du siehst phantastisch aus.«
- »Ich müßte nackt gehen, um neben dir aufzufallen.«
- »Irgendwie leuchten deine Augen noch viel mehr als sonst.« – Der Mann stellt sich ahnungslos, die Frau behält stolz ihr Eye-Shadow-und-Kajal-»Geheimnis« für sich.
- »Ich mag diesen Hauch von Flieder/Gold auf deinen Lidern.«
- »Du bist eine Künstlerin.«

- »Hast du das eigentlich irgendwann mal professionell gemacht?« – Manche Frau verübelt es, wenn man sie sich als Kosmetikerin vorstellen kann.
- »Bitte nimm mir nicht übel, wenn ich dich heute den ganzen Abend lang anstarren muß.«

Make-up ist ein heikles Thema. Einerseits schminken sich Frauen, um sich schöner zu machen. Andererseits wollen sie das Gefühl haben, auch ohne Makeup schön zu sein und geliebt zu werden.

- »Wie lange hast du zu diesem Kunstwerk gebraucht? Sei ehrlich! Mindestens zwei Stunden?«

Mit diesem Kompliment kann man unter Umständen knietief ins Fettnäpfchen geraten. Man muß immer mit Reaktionen rechnen wie: »Du glaubst also, man muß ein Künstler sein und sich stundenlang abmühen, um aus mir einen einigermaßen gesellschaftsfähigen Menschen zu machen?«

Rettende Anwort: »Was da vor mir steht, ist nicht nur ›einigermaßen gesellschaftsfähig‹, sondern fantastisch.«

Intelligenter wäre es gewesen, von vornherein folgende Richtung einzuschlagen:

- »Ich kann mich gar nicht entscheiden, welche dieser zwei wunderschönen Frauen ich besser finden soll: die ganz natürliche ohne einen Hauch von Make-up? Oder die Gestylte mit ihren atemberaubend roten Lippen und dem Glamour von Hollywood?« – Sehr gut übrigens auch die liebenswert ironisch vorzutragende Übertreibung am Ende.

»Heute sehe ich wie eine Schlampe aus«

Wie reagiert der charmante Mann auf derartige Erklärungen einer Frau, die sich für ihr nicht ganz perfektes Aussehen schämt?

- »*Ich* mag dich so!«
- »Ich mag dich ungeschminkt.«
- »Ich liebe dich auch, wenn du mal ein bißchen zerknittert bist.«

- »Auch Leinen knittert edel.«
- »Es geht mir um den Menschen, nicht um Klamotten und Frisur.«
- »Ich liebe die Vertrautheit, wenn ich dich so sehen darf wie niemand außer mir.«

Körper-Komplimente

Figur

- »Du hast eine tolle Figur.«
- »Mir gefallen deine Beine.«
- »Ich liebe deine Kurven.«
- »Hat dir schon mal jemand gesagt, daß du einen wunderschönen Busen hast?«

So schmeichelhaft solche Komplimente gemeint sein mögen, so oberflächlich, unbeholfen und sexistisch wirken sie doch. Sie geben Frauen das Gefühl, man reduziere sie auf ihren Körper.

Komplimente zu ihrer Figur akzeptieren Frauen – außer von Frauen – nur von Männern, die sie schon länger kennen und definitiv sympathisch finden. Außerdem müssen die Herren vorher schon angemessen viele Schmeicheleien zu den Themen Charakter, Persönlichkeit, Intelligenz etc. vom Stapel gelassen haben, um sich schöne Worte in Sachen Figur und Sex-Appeal (s.u.) erlauben zu dürfen.

Frauen mit auffällig attraktivem Körperbau reagieren noch empfindlicher als alle anderen, weil sie Körper-Komplimente in einer Menge und Eindeutigkeit bekommen, die sie als tägliche Belästigung empfinden müssen.

Um den Eindruck der Aufdringlichkeit zu vermeiden, müssen Körper-Komplimente sehr behutsam und distanziert formuliert werden. Ihr zu offensichtlicher Charakter kann durch Selbstironie oder intelligenten Witz gebrochen werden:

- »Bitte, verhülle diese Formen vor mir – ich hasse es, zum Tier zu werden.«
- »Deine Beine sind anderen Frauen gegenüber ungerecht.«
- »Stell mir eine kleine Rechenaufgabe, und ich werde dir beweisen, daß mir diese Figur den Verstand nur teilweise raubt.«

Gegenüber guten Freundinnen mit Sinn für Blödelei dürfen es Männer wagen, zum Spaß in die Rolle des allseits unbeliebten Primitivlings zu schlüpfen und mit verstellter Stimme und dümmlichem Gesichtsausdruck den Manta-Fahrer zu parodieren:

- »Ey, geiler Arsch, ey! Ey, echt, ey! Verschärft!«

Es versteht sich von selbst, daß dasselbe Gegrunze in einem anderen Kontext Acht und Bann nach sich zöge.

Je stärker ein Körperteil als Sex-Signal gilt, desto problematischer wird das Kompliment. Wem außer der Lebensgefährtin könnte ein Mann folgende »Schmeicheleien« zumuten, ohne mit Nachteilen rechnen zu müssen?

- »Ich liebe deinen Hintern.« – Schnörkellos.
- »Ich liebe deine Kurven.« – Dasselbe in verklemmt.
- »Ich liebe deine Rundungen. Du bist so unbeschreiblich weiblich« – Spruchniveau unter Wolfgang »Lippi« Lippert.

Man kann sich die Gratwanderung ersparen, indem man die Figur-Komplimente auf die gesamte Erscheinung oder die Kleidung ummünzt, also z. B. sagt:

- »Das Kleid unterstreicht deine vielen Vorzüge.« – Unaufdringlich, und sie weiß doch, was gemeint ist.

Nun noch ein paar akzeptable bis gute Körper-Komplimente in den verschiedensten Geschmacksrichtungen.

Dezente Varianten:

- »Darf ich dich ein bißchen sprachlos anhimmeln?« – Vorbildlich!
- »Verzeih mir bitte, daß ich diese Figur nicht übersehen kann.« – Angenehm zurückhaltend.
- »Dieses Kleid unterstreicht alles, was einen Mann erst interessieren darf, wenn man es ihm ausdrücklich erlaubt hat.« – Klingt intelligent und könnte die Unterstellung nach sich ziehen: »Das hast du irgendwo gelesen.«
- »Auch das häßlichste Kleid könnte diese Figur nicht verstecken/entzaubern« – bzw. »nicht von ihr ablenken.«
- »Du bist ein bekleidetes Kunstwerk.« – Für die meisten zu schwülstig.

Humorvolle Varianten:

- »Wenn dein Badezimmerspiegel seinen nächsten Urlaub nimmt – häng mich an seiner Stelle an die Wand.« – Gefällt sogar meiner Freundin ausgezeichnet.
- »Wenn ich dich so sehe, fällt mir auf, daß ich meinen Beruf verfehlt habe: Ich hätte Bademantel werden sollen.« – Mein Favorit unter den witzigen Körper-Komplimenten.
- »Bitte gewöhn dir diese Figur ab.«
- »Tu mir einen Gefallen und zieh morgen etwas an, das deine Figur verschleiert.«
- »Könntest du wohl bitte ein paar Grimassen schneiden, damit ich von dieser Traumfigur abgelenkt werde?« – Etwas zu albern.
- »Du bist schuld, wenn ich gleich erblinde.«
- (Mit Blick auf die Figur) »Sei so nett und schütte mir einen Eimer Eiswasser über den Kopf.«
- »Bitte, bitte, nimm 20 Kilo zu, damit ich mal an was anderes denken kann.«
- »Sag mir, daß ich klasse bin!« (Unvermeidliche Rückfrage: »Warum das denn?«) »Weil ich mir nur dein bezauberndes Gesicht ansehe, obwohl ich ein Mann bin.« – Kompliziert und inszeniert, aber sichere Wirkung, sobald der Groschen gefallen ist.

Frauen können sich erlauben, Männern jede Art von Körper-Komplimenten zu machen. Die Herren der Schöpfung fühlen sich grundsätzlich geschmeichelt. Einziges Problem: Gern unterstellen sie der Frau sexuelle Interessen und werden sauer, wenn diese gar nicht vorhanden sind: »Erst macht sie mich heiß, und dann war doch nichts! Was soll der Mist?!«

Problem-Figur

Jede Frau weiß, wie sie aussieht, auch wenn sie in Boutiquen gern die Kleidung kauft, die sie erst nach der Diät brauchen wird. Macht man einer überge-wichtigen oder kräftigen Frau Komplimente für ihre zierliche Ballerinenfigur, dürfte sie sich veralbert fühlen.

Frauen mit Figurproblemen lieben Komplimente für ihre Ausstrahlung oder die Anmut ihrer Bewegun-gen. Außerdem besitzt der mollige Typ ja seine unbe-streitbaren Stärken:

- »Wenn ich dich sehe, denke ich immer: Endlich mal eine at-traktive Frau, die nicht nur aus Haut und Knochen besteht.«
- »Die etwas Runderen sind immer die netteren Menschen.«
- »Du bist so wunderbar weiblich.«
- »Wenn du je Zweifel an deiner Figur haben solltest, ruf mich an. Ich rede sie dir aus.«
- »Du siehst so warm und zärtlich aus.«
- »Hör nicht auf die neidischen Hungerkünstler.«

Männer und Frauen mit zu hohen Werten auf der Waage spielen bei Flirts oder Plaudereien oft von al-lein auf das leidige Thema Figur an. Sie machen sich schlecht und erwarten tröstende Komplimente.

Wird behauptet, der Po sei zu dick, anwortet der Charmeur:

- »Eine Frau ohne Hinterteil – was soll daran noch erotisch sein?«
- »Ich liebe eine Frau und kein Kind.«
- »Ich liebe Frauen, die wie Frauen aussehen und nicht wie Männer.«

Leider lassen sich diese Vorschläge nicht ohne weite-res auf männliche Attribute wie den Bierbauch über-tragen, wenn mir auch mehrfach »wohlbeleibte«

Männer erzählt haben, Frauen hätten ihnen gesagt: »An einem Mann muß was dran sein.« So verschieden sind die Geschmäcker.

Zuviel oder zuwenig Oberweite

Viele Männer starren Frauen mit großer Oberweite lüstern hinterher. Ihre primitive Anmache konzentriert sich auf den Busen. Entsprechend vorsichtig wollen Komplimente auf diesem Gebiet formuliert sein.

Viele Frauen mit kleiner Oberweite halten ihren Busen für »zu wenig weiblich« und freuen sich, wenn Männer ihnen dezent zu verstehen geben, daß sie einen kleinen Busen besonders verführerisch finden – aber bitte nicht »niedlich«.

- »Ein großer Busen wirkt immer irgendwie ordinär.« – Dies entspricht der Meinung der meisten Frauen mit kleinen Brüsten.
- »Ein kleiner Busen macht eine Frau interessanter.«
- »In ein paar Jahren beneiden sie dich alle um deinen Busen.« – Schon heute gemeinsame Schadenfreude über die Spätfolgen der Erdanziehungskraft.
- »Ein kleiner Busen sieht immer intelligenter aus.« – Vornehmer und feiner sowieso.

Beine und Gang (Anmut der Bewegung)

Komplimente über den Gang klingen sympathischer als Schmeicheleien über die Beine. Man läßt sich lieber wegen Charakter und Persönlichkeit schmeicheln als wegen des Aussehens – und der Gang ist der Charakter der Beine so wie der Blick sozusagen die Persönlichkeit der Augen und das Lachen das Wesen des Mundes ist.

Ein paar Stichwörter zum Thema Beine: lang (bis in den Himmel, bis zum Hals), schlank, gerade, schön, aufregend, sexy, perfekt, wie von Michelangelo.

Viel interessanter klingen die Kernwörter, die sich mit dem Gang beschäftigen: anmutig, graziös, schwebend, tänzerisch, musikalisch, elegant, lässig, cool, leise, energisch, trippelnd, mit Hüftschwung, schwebend, aufregend, wie der eines Panthers, einer Katze, wie auf dem Laufsteg.

»Du gehst wie – «-Komplimente sind gefährlich, denn niemand geht gern wie eine Ente, ein Bär oder Monty Python's John Cleese im »Ministerium für komische Gänge« – auch wenn der Charmeur das noch so unwiderstehlich süß zu finden beschwört.

Auch X-Beine, »Über den Onkel«-Gehen oder andere Auffälligkeiten möchte empfindliche Gemüter nicht in Schmeicheleien erwähnt bekommen.

- »Wie lange warst du beim Ballett?« – Bei zierlichen Frauen überstrapaziert.
- »Wenn Du zweimal an mir vorbeigegangen bist, habe ich das Gefühl, ich hätte einen Ballettabend besucht.« – Das poetische Ballett-Kompliment.
- »Die meisten Frauen könnten üben, wie sie wollen, und würden doch nie halb so graziös gehen wie du.«
- »Ich liebe die Harmonie deiner Bewegungen.« – Oder ihre Anmut.
- »Es ist ein Genuß, dir beim Gehen zuzusehen.«
- »Du hast den erotischsten Gang, den ich je gesehen habe.«
- »Du verdrehst mir durch deinen Gang den Kopf.«
- »Wenn du zur Tür hereinkommst, wird jeder Flur zum Laufsteg.«
- »Dieser Mann hat Sex-Appeal in seinem Gang.« Ja, ja, und sein »Gang ist ein einziges Versprechen!«

Hände und »Griff«

Von allen Körperteilen besitzen die Hände die meisten »Charakter-Qualitäten«. Hände sind von ihrem Aussehen und durch ihre Gestensprache »ausdrucksstark«. Wir sprechen mit den Händen. Wir berühren Menschen mit ihnen.

Komplimente für die Hände drücken auf subtile Art eine starke Sympathie aus. Sie wirken kultiviert und intim, trotzdem immer unaufdringlich und romantisch.

- »Ich könnte deinen Händen stundenlang zusehen.« – Bedeutet: »Ich liebe deine Art zu reden.«
- »Du hast einen wunderbaren Händedruck.« – Bedeutet: »Ich lasse mich gern von dir berühren.«
- »Ich mag deine zarten Künstlerhände.« – Denn sie sind so »feingliedrig, sensibel, ausdrucksstark« etc.
- »Ich mag Männer mit gepflegten Händen.« – Bei Frauen läßt sich die Farbe der Nägel anmerken.
- (Mit Blick auf die Hände einer Frau) »Oh, wie ist das denn passiert?« – Der eine kürzere Fingernagel als Einleitung zu einem Kompliment für die Schönheit der Hände.

Nur unter Liebenden bieten sich Komplimente an, die die Kunststücke der Hände zum Inhalt haben, mit denen man sich gegenseitig verwöhnt – der »Charakter« der Hände ist ihr Streicheln, Kneten und Massieren.

- »Nichts ist schöner, als von diesen Händen gestreichelt zu werden.« – Kann man jedesmal sagen, wenn man die glückspendenden Hände sieht und sich selig an ihren letzten Einsatz erinnert.
- »Wenn deine Hände über mein Gesicht streicheln, fühle ich mich total geborgen.«
- »Für zehn Minuten Massage lasse ich alles andere sausen.«
- »Die Berührung durch deine Hände würde ich mit verbundenen Augen unter Hunderten herausspüren.« – Ein romantischer Wettvorschlag für »Wetten, daß...?«

Sonstige Körperteile

Hals, Schultern, Füße, Ohren, Arme, Muskeln – sie alle eignen sich vor allem für scherzhafte und neckische Komplimente, die sich aber von anderen abheben.

- »Ich liebe den Geruch deiner Schultern.«
- »Ich liebe den Geruch, den dein Haar auf deinen Schultern hinterläßt.« – Schön, weil detailliert.
- »Ich liebe den Geschmack deines Nackens.«

- »Ich liebe dein Schlüsselbein.«
- »Das schönste Schlüsselbein der Welt!«
- »Du solltest Schlüsselbein-Model werden.«
- »Sogar deine Zehen sehen intelligent aus.«
- »Schade, daß so süße Zehen soviel Zeit im Dunkeln verbringen müssen.«

Erscheinung

Sex-Appeal

Wie heikel diese Art von Komplimenten ist, habe ich schon ausführlich beim Thema »Figur« erörtert. Auch für den Sex-Appeal gilt: Unaufdringlich formulieren, scherzhafte oder intelligente Komplimente suchen und nur verwenden, wenn die Empfängerin sie garantiert verträgt.

- »Mir läuft es heiß und kalt den Rücken herunter, wenn ich nur an dich denke.« – Kann Peinlichkeit erzeugen, wenn es zu glaubwürdig klingt.
- »Du bist die Frau, die mich zum Tier macht.« – Besser, wenn selbstironisch. Tödlich, wenn ernst.
- »Wenn ich dich sehe, helfen nur noch sehr starke Beruhigungsmittel.« – Charmant.
- »Um dir zu widerstehen, müßte man stärker sein als ich.« – Intelligent.
- »Alle Personen unter 18 verlassen sofort den Raum!« – Unfehlbar in der Wirkung.
- »Fang mich auf – dein Sex-Appeal macht mich ohnmächtig.«
- »Erhöre mich, Verführerische, und quäle mich nicht länger mit deinem Sex-Appeal.« – Bitte in albern-theatralischer Verpackung.
- »Heirate mich.« – Lustig, wenn der glühende Verehrer parodiert wird.
- »Wen soll ich töten, damit du mir gehörst?«
- »Ich bin Ihr Sklave.«
- »Dieses Kleid erfüllt den Tatbestand der Erregung.«

Sportliche Erscheinung

- (Nur bei Personen, die ganz gewiß nicht sportfanatisch sind) »Machst du noch was anderes außer Sport?«
- »Du bist ja toll in Form!«
- »Wie hältst du dich so toll in Form?«
- »So sportlich wie du wäre ich auch gerne.«

Körperhaltung

Wie schon beim Gang kann auch hier auf eine vermutete Ballett-Vergangenheit angespielt werden.

- »Ich beneide dich um dein vorbildliche Haltung.«
- »Ich muß dich nur so kerzengrade sitzen sehen, und schon bekomme ich gute Laune.« – Oder wahlweise auch ein schlechtes Gewissen fürs eigene Durchhängen.
- »Du hast einen positiven Einfluß auf meine Gesundheit.« (Unvermeidliche Rückfrage: »Warum?«) »Wenn ich mit dir unterwegs bin, gehe ich automatisch aufrecht.«
- »Deine Körperhaltung strahlt einen wundervollen Optimismus aus.«
- »Du stehst wie eine antike Statue.«

Alter und jugendliche Erscheinung

Frauen, aber auch Männer, lassen sich gern jünger schätzen als sie sind.

- »Du willst 39 sein? Das glaube ich nicht!« – Gut, wenn gekonnt vorgetragen.
- »Du bist du jüngste Frau deines Alters.« – Vorbildlich.
- »Wie hältst du dich so unglaublich jung?«
- (Zu einer Person, die 56 Jahre alt ist) »Andere wären froh, wenn sie mit 46 so aussehen würden wie du.«
- (Zu Personen, die man länger kennt) »Komisch, du wirst einfach nicht älter.«
- »Mit jedem Jahr wirst du schöner/jünger/aufregender.« – Abgedroschen, daher nur in ironischem Tonfall und in Kombination mit anderen Komplimenten zum Thema.
- »Jugend ist keine Frage des Alters – du bist das beste Beispiel dafür.« – Klingt nicht originell, wenn es im tröstenden Sinne eingesetzt wird. Sonst brauchbar.
- »Mit dem Geheimnis deiner ewigen Jugend könnte man reich werden.« – Überzeugend.
- »Warum werden alle anderen älter, nur du nicht?«

Ohne das Wort »Alter« oder Zahlen zu verwenden, kann man jedem, der sich alt oder zumindest zu alt fühlt, für die Vorteile seines Alters Komplimente machen.

- »Ich liebe deine Reife.«
- »Dich kann man zu allem fragen, weil du so angenehm viel Erfahrung hast.«
- »Ich wäre gerne auch so abgeklärt wie du.«

Personen, die »eigentlich zu jung« sind, möchten trotzdem von Älteren ernst genommen werden. Auch Kindern und Jugendlichen kann man Komplimente machen – und staunt, wie dadurch Generationenkonflikte entschärft werden.

- »Was? So jung bist du noch?«
- »Unglaublich – in *dem* Alter!«
- »Erstaunlich, daß du schon mit 17 so viel kannst.«
- »Als ich so alt war wie du, hätte ich diese Reife nicht gehabt.«

Kleidung

Bei der Kleidung paaren sich Besitzerstolz und die Hoffnung, daß einem das Stück steht. Beschaffung und Auswahl erfordern Marktkenntnis, Ausdauer und einen »Riecher«, obendrein Glück, Geld und vor allem Geschmack – alles das ist jeweils ein Kompliment wert.

Kleidung kann sein: hübsch, witzig, raffiniert, schick, wie angegossen, elegant, geschmackvoll, frech.

Beschaffung:
- »Wo hast du *das* denn her?« – Wir alle lieben die Gelegenheit, ausführlich von der Einkaufstour zu berichten und vielleicht sogar einen renommierten Markennamen zu nennen.
- »Es gibt einfach Menschen, die finden immer was.«
- »Wo du immer diese tollen Sachen herzauberst!«

Schönheit, Geschmack und Wirkung:
- »Das ist aber ein wunderschönes Kleid.« – Derartige Komplimente allein tragen nicht, können aber interessantere Bemerkungen einleiten.
- »Das ist ja ein ausgefallenes Stück.« – Oder sonstwie ungewöhnlich, einzigartig, elegant, schick, witzig etc.
- »Das steht dir hervorragend.«
- »Wie für dich gemacht!«
- »Wenn man deine Figur hat, findet man eben immer was Tolles.«
- »Eine ganz hervorragende Kombination!«
- »Das paßt bestimmt erstklassig zu deinem roten Blazer.« – Vorbildliches Kompliment, weil sich hier jemand gemerkt hat, was bei der Empfängerin schon im Kleiderschrank hängt.
- »Ich beneide dich um deinen Geschmack.«

Qualität und Preis:
- »Darf man bei sowas noch über den Preis reden?« – Die meisten Frauen und Männer freuen sich über jede Gelegenheit, mit ihren ungeheuren Ausgaben und ihrem hohen Ansprüchen an die Qualität anzugeben oder damit Eindruck zu schinden, welch einzigartiges Schnäppchen ihnen mal wieder geglückt ist.
- »Das war bestimmt nicht billig.«
- »Ich fühle mich irgendwie schäbig neben dir.«
- »Zeig mal her, das ist ja ein ganz edles Material.«

Auch Männern kann man ausgefeilte Komplimente für ihre Kleidung machen, anstatt sich, wie leider noch sehr verbreitet, auf die »schöne Krawatte« zu beschränken.

Eine Bemerkung zu den schicken Schuhen wirkt besonders gut, weil Männer jede Woche irgendwo lesen, daß Frauen Männer vor allem nach den Schuhen beurteilen.

Schmuck und Accessoires

Noch »persönlicher« als Kleidung sind die Accessoires, mit denen sich Frauen wie Männer schmücken. Endlos ist die Palette möglicher Komplimente – sie ähneln im Aufbau den Schmeicheleien für die Kleidung.

Bei Männern beschränkt sich die Auswahl bei den Accessoires meist auf die Uhr, höchstens einen Ring oder Ohrring. Dazu kommen aber Kleinigkeiten, die nicht jedem sofort auffallen:

- »Ich liebe es, wenn Männer Stofftaschentücher benutzen.«
- »Was ist das denn für ein schönes Feuerzeug?«
- »Ein Griff, und schon hat er einen Kuli in der Hand.« – Und wenn er dann teurer als zehn Mark war –
- »Hübsche Brieftasche.«

Da Männer ihre Accessoires nicht nur nach Schönheit aussuchen, sondern großen Wert darauf legen, daß etwas »ewig hält« oder »unglaublich praktisch« ist, können sich Komplimente auch auf diese Aspekte beziehen.

Besonderer Besitz und Statussymbole

Wer etwas kauft, identifiziert sich mit der Anschaffung. Das gilt besonders bei teuren Dingen. Statussymbole oder Luxusgegenstände kauft man sich erst nach reiflicher Überlegung. Jedes Kompliment bestätigt dem stolzen Besitzer seine Entscheidung.

Alles, was weiter oben über Komplimente zur Kleidung gesagt wurde, gilt auch im Zusammenhang mit Autos, Häusern, Wohnungen, Möbeln, Einrichtung, Wohnaccessoires, Kunstgegenständen, Büchern, (manchen) Reisesouvenirs, Unterhaltungselektronik, Sportgerätschaften oder »Spielsachen« vom Piano bis zur Profi-Bohrmaschine sowie jeder Art von »Ausrüstung«.

Bei allen »kompliment-fähigen« Gegenständen kann sich die Schmeichelei auf fünf Punkte konzentrieren:

- Schönheit und Geschmack
- Qualität und Bedeutung (als Statussymbol)

- Wert, Kaufpreis und Preis-Leistungs-Verhältnis
- Vorgeschichte des Kaufs und Bezugsquelle
- Wirkung

Dazu ein Beispiel:

- »Das ist ein sehr schöner Stuhl. Mit sicherem Geschmack ausgewählt.«
- »Wurzelholz, massiv! Solche Einzelstücke sieht man ganz selten.«
- »Der Stuhl war bestimmt irre teuer. Nicht? So ein Schnäppchen! Da mußt du gefeilscht haben wie ein alter Orientale.«
- »Erstaunlich, daß du überhaupt diesen Laden aufgestöbert hast.«
- »Hier neben dem Kamin kommt der Stuhl optimal zur Geltung. Ich beneide dich.«

Nun ein paar Beispiele, um die verschiedenen Richtungen zu illustrieren, die Komplimente an stolze Besitzer(innen) nehmen können:

- »Ist das etwa *dein* BMW?« – Am liebsten besitzen Menschen Statussymbole, die man ihnen gar nicht zutraut.
- »Ich bin ja kein Kenner, aber diese Stereoanlage ist bestimmt...« – etwas Besonderes, weil: teuer, hervorragend designt, unglaublich im Klang etc. Dieser Kompliment-Typ kann auf alle anderen Luxusgüter angewendet werden.
- »Dein Sofa sieht einfach toll aus.« – Oder edel, ausgefallen, wertvoll etc.
- »Ich habe noch nie ein schöneres Sofa gesehen.«
- »Davon träumt so mancher ein Leben lang.« – Und wer läßt sich nicht gern um seinen Besitz beneiden?
- »Das ist bestimmt ein Sammlerstück / Einzelstück / was Besonderes, oder?« – Es gibt Menschen, die besitzen *nur* besondere Dinge, und alle anderen freuen sich, wenn man ihren Besitz für besonders *hält*. Dieses Kompliment eignet sich natürlich nur für Gegenstände, die etwas unüblicher sind als das olivgrüne Komfort-Telefon der Telekom.

Persönlichkeit

Mit etwas Geschick kann man zu jedem Persönlichkeitsmerkmal ein Kompliment machen, nicht nur zu den allseits beliebten.

Bei heiklen Eigenschaften sollte man lieber sagen: »Ich finde dich...« als die Behauptung zu wagen »Du bist...« Sollte der oder die Umschmeichelte unsere Meinung nicht teilen, können wir uns besser rausreden.

Ein paar Stichworte zum Anfangen: Die Persönlichkeit kann interessant, vielschichtig, ungewöhnlich, extravagant, stark, vorbildlich, eine ideale Mischung und vieles mehr sein.

Leider klingen die meisten Persönlichkeit-Komplimente etwas verwaschen und beliebig. Sie sollten durch konkrete Beobachtungen und Beispiele ergänzt werden.

- »Ich liebe deinen Charakter.« – Welchen und warum? Zu beliebig.
- »Du bist so wunderbar vielschichtig.« – Nämlich?
- »Du bist jedesmal anders.« – Nämlich?
- »Du wiederholst dich nie.«
- »Du überraschst mich immer wieder.« – Wodurch?
- »Ich bewundere dich, weil du dich nicht beeinflussen läßt.« – So klingt es erträglicher, aber auch nur, wenn das Kompliment eine gerade gemeinsam erlebte Situation kommentiert.
- »Du bist so schön geradeheraus.«
- »Du weißt, was du willst.«
- »Von dir könnte sich so mancher eine Scheibe abschneiden.«
- »Ich mag es, daß du nicht trotzig bist.«
- »Ich bewundere die Art, mit der du Kompromisse machst.«
- »Ich beneide dich um deine Kompromißlosigkeit.«

Humor
Wer für den eigenen Humor ein Kompliment bekommt, fühlt sich in seinem Wesen verstanden und akzeptiert.

Anregung: Humor kann schwarz, kompliziert,

trocken, schlagfertig, versteckt, fein, intelligent, unterhaltsam etc. sein.

- »Ich liebe deinen Humor.« – Und dann sollte eine kleine Begründung kommen.
- »Ich mag deinen Humor, weil er nie flach ist.« – Von diesen Komplimenten träumen die Kabarettisten der Welt.
- »Du bringst mich zum Lachen.« – Ein schlichtes, aber immer wieder schönes Kompliment, das sich nicht so schnell abnutzt.
- »Wenn man ein paar Minuten mit dir zusammen ist, *muß* man einfach gute Laune bekommen. Dein Humor steckt mich an.«
- »Irgendwie hast du was von Groucho Marx.« – Oder einem anderen Giganten der Humorbranche.
- »Was *dir* immer einfällt!« – Wer witzig ist, läßt sich gern für seine Kreativität bestaunen.
- »Hör auf, mir tut der Bauch schon weh!« – Macht jeden Spaßvogel stolz.

Das wichtigste Kompliment zum Thema Humor kommt ohne Worte aus: es ist das Lachen selbst.

Charme
Mit Komplimenten für den Charme gibt man dem anderen zu verstehen, daß man seine Schmeicheleien mag, und ermuntert zu noch mehr Komplimenten.

Das Thema eignet sich allerdings nur für nette Randbemerkungen. Allzu viele Variationen sind nicht möglich.

Stichwörter: Charme kann unaufdringlich, dezent, intelligent, ungewöhnlich, unwiderstehlich etc. sein.

- »Du hast einen ganz eigenen Charme.«
- »Ach gäbe es doch mehr Menschen mit deinem Charme!«
- »Du bringst mich mit deinem Charme noch in Verlegenheit.«
- »Das hast du aber charmant gesagt!«
- »Du bist ein richtiger Charmeur.«
- »Womit habe ich eine so charmante Begleiterin verdient?«
- »Gibt es eigentlich irgend jemanden, der deinem Charme widerstehen kann?«

Ausstrahlung
Diese Komplimente klingen immer ungenau und haben schnell etwas Abgedroschenes an sich.

- »Du bist ein besonderer Mensch, das spürt man gleich.«
- »Du hast eine ganz eigenartige Ausstrahlung.« – Mit der Rückfrage »Welche denn?« beginnt der interessantere Teil des Abends.
- »Ich bin fasziniert von deiner Ausstrahlung.«
- »Von dir geht so eine unbeschreibliche Kraft aus.« – »Unbeschreiblich« ist immer schlecht, außer wenn dann doch eine Beschreibung folgt.
- »Du hast Charisma.«
- »Du besitzt die Aura des Besonderen.« – Jetzt kommt André Heller.

Stimme
Stichwörter: Eine Stimme kann schön, ausdrucksvoll, sonor, weich, samtig, rauchig, männlich, weiblich, voller Sex-Appeal, beruhigend, hell, lebendig etc. sein.

- »Ich könnte dir stundenlang zuhören, schon wegen deiner Stimme.« – Teenagerhaftes Kompliment, mit dem man sich selbst in die Rolle des staunenden Dummchens begibt und dem anderen ein gewisses Desinteresse am Inhalt seiner Gesprächsbeiträge mitteilt. Die Idee muß je nach Situation bearbeitet werden.
- »Deine Stimme klingt in meinen Ohren wie Musik.« – Diesen abgegriffenen und besonders schwachen Vergleich sollte man entweder parodistisch vortragen oder durch ein weniger verbrauchtes Bild ersetzen.
- »Mit dieser Stimme könntest du Geld verdienen.« – Das Wort »Geld« stört in jedem Kompliment, aber die Richtung ist richtig: dem anderen Profi-Qualitäten bescheinigen.
- »Du hast die Stimme eines Radiosprechers.«
- »Ich finde deine Stimme sexy.« – Genehmigt. *Wenn* man etwas sexy finden darf, dann die Stimme.
- »Auch die gemeinsten Sätze werde durch deine Stimme zu einem Genuß.« – Gut als Kommentar zu einer Frechheit, die sich der andere gerade einer dritten Person gegenüber geleistet hat. Sonst hart an der Grenze, weil es an das scheußliche »Du wirst noch schöner, wenn du böse bist« erinnert.

- »Von dieser Stimme möchte ich jeden Morgen geweckt werden.« – Nett.

Stil, Klasse und Niveau
Weil jeder Mensch sich einbildet, alle drei zu besitzen,
diese Meinung aber nur von ganz wenigen geteilt wird,
kann ein solches Kompliment nie daneben gehen.

Diese Schmeichelei wirkt am besten, wenn sie sich
auf einen aktuellen Anlaß bezieht. Statt »Ich bewundere deine Klasse« heißt es dann »*Das* hatte Klasse!«

- »Mir gefällt deine Art, die Dinge zu sehen.«
- »Es gibt genug farblose Langweiler. Ich liebe Menschen, die
einen eigenen Stil haben.«
- »Ich finde es toll, wenn jemand sein Ding einfach *macht*.«
- »Andere sind Abziehbilder oder farblos. Aber du hast einen
ganz eigenen Stil.«
- »Entweder man hat es, oder man hat es nicht – und du hast
es.«

Umgangsformen
Diese Komplimente machen die umschmeichelte Person zum Vorbild.

- »Du hast wunderbare Umgangsformen.«
- »Es gibt ja so wenig Menschen, die noch deine Umgangs-
formen haben.«
- »Du hast etwas angenehm Vornehmes/Zurückhaltendes.«
- »Manchmal habe ich das Gefühl, du müßtest eigentlich aus
einer alten Adelsfamilie stammen.«
- »Du bist – im besten Sinne – ein Dame.« – Oder ein Herr.
- »Wie toll du dich in der Kontrolle hast, wenn dir jemand
dumm kommt!«

Ausdrucksweise
Wer die Ausdrucksweise des anderen schätzt, stellt
sich zumindest für einen Moment intellektuell leicht
unterlegen dar.

- »Du hast eine so gepflegte Ausdrucksweise.« – Außerdem
ist sie gewählt, intelligent und treffend.

- »Du sprichst so wunderbar kultiviert.« – Und obendrein bildhaft, unterhaltsam, leicht verständlich, druckreif, lebendig.
- »Daß dir immer diese tollen Formulierungen einfallen!«
- »Den Spruch muß ich mir merken.«
- »Es macht einfach Spaß, dir zuhören.«
- »Du redest wie ein Buch.« – Könnte als Kritik an der Geschwätzigkeit mißverstanden werden.

Intelligenz und Wissen

Jeder ist stolz auf seine Intelligenz und sein Wissen.

Komplimente zu diesen Themen werden von Frauen viel ernster genommen als solche zu Fragen der äußeren Attraktivität. Männer akzeptieren derartige Schmeicheleien ohne Probleme, weil sie diese nahen Verwandten des Lobes für »berechtigt« halten, schließlich setzen Intelligenz und Wissen Leistung voraus (z. B. Lesen, Büffeln etc.).

Meist geht dem Kompliment ein direkter Anlaß voraus. Erinnerungs-Komplimente zum Thema Intelligenz und Wissen funktionieren gut, sind aber erstaunlich selten.

- »Daß dir zu allem immer eine intelligente Lösung einfällt!«
- »Auf diese Idee wäre ich wirklich nicht gekommen.«
- »Leute wie du verdienen Millionen mit Patenten und Erfindungen.« – Sehr gut, wenn jemand gerade eine pfiffige Lösung eines praktischen Problems gefunden hat. Klingt viel besser als: »Du kannst erstklassig improvisieren.«
- »Du denkst immer an alle Möglichkeiten.« – *Das* Kompliment für den systematischen Theoretiker.
- »Toll, was du dir alles merken kannst!« – Geeignet für jeden, der mit Gelesenem renommieren möchte, egal, ob er über die Klassiker schwadroniert oder über das Privatleben von Richard Gere und Cindy Crawford, wie er es in zwölf Semestern Klatschpresse studiert hat.
- »Du kennst dich so gut aus – hast du beruflich mit dem Thema zu tun?« – Verbreitet, aber dümmlich, weil es einen Mangel an Vorstellungsvermögen belegt: »Hat Ahnung – muß Profi sein.«
- »Dich kann man wirklich fragen, was man will.«
- »Woher du das alles immer weißt!«

- »Das ist ja sehr interessant.« – Dieses Kompliment kann man den meisten Männern alle 15 Minuten einmal schenken, ohne daß sie den Eindruck hätten, man würde sich wiederholen.
- »Ich finde es sexy, wenn jemand viel weiß.« – Aus dem Munde eines Mannes sehr gut, aus dem einer Frau etwas heikel, weil nahe am Dummchen-Klischee.
- »Jetzt, wo *du* mir das erklärst, verstehe ich es endlich.« – Lehrernaturen schmelzen dahin.
- »Du bist so wahnsinnig vielseitig.« – In Fähigkeiten, Wissen und Interessen.
- »Woher nimmst du nur die Zeit, dich mit sovielen Sachen zu beschäftigen?« – Gut.

Tugenden und Charakterzüge

Jeder hat positive Charakterzüge und läßt sich diese gern bestätigen. Solche Komplimente wirken ernst und erwachsen. Sie überspringen alle sozialen Schranken und eignen sich hervorragend für Schmeicheleien innerhalb einer Hierarchie.

Die Liste der positiven Charaktereigenschaften ist lang. Nur ein paar Beispiele für persönliche Stärken: Mut, Unabhängigkeit, Selbstsicherheit, Souveränität, Überblick, Erfahrung, Reife, Wärme, Rücksicht, Verständnis, Gerechtigkeit, Pfiffigkeit, Klugheit, Pünktlichkeit, Zuverlässigkeit, Ernsthaftigkeit, Verschwiegenheit, Geschicklichkeit, Humor, Auffassungsgabe, Natürlichkeit.

Tief in Fettnäpfe tritt man, wenn die unterstellte »Tugend« auf der anderen Seite etwas anders gesehen wird. Eine Frau erzählte mir: »Da sagte mir dieser Blödmann allen Ernstes und mit säuselnder Stimme, wie schön sauber das Bad immer sei. Ich dachte, ich höre nicht richtig.« Sie übersetzte die netten Worte nämlich mit: »Du bist eine Super-Putzfrau.«

Die »Formeln«, nach denen die folgenden Beispielkomplimente konstruiert sind, kann man auf alle Tugenden übertragen.

Geduld:
- »Ich finde es erstaunlich, wieviel Geduld du mit den Menschen hast.«

Fröhlichkeit/Optimismus:
- »Dein Optimismus ist angenehm ansteckend.« »Du verlierst deinen Optimismus wohl unter keinen Umständen!« »Ich beneide dich um deinen Optimismus.«

Hilfsbereitschaft:
- »Toll, wie du dich für andere einsetzt.« »Ich bewundere dein Engagement für andere.«

Großzügigkeit:
- »Du bist unglaublich großzügig.« »Du bist einer der großzügigsten Menschen, die ich kenne.« »Den edlen Menschen erkennt man an seiner Großzügigkeit.«

Nachsicht/Toleranz:
- »Du redest nicht von Toleranz, du praktizierst sie einfach.« »Deine Toleranz möchte ich haben!«

Disziplin:
- »Ich bewundere deine Disziplin.« »Ich beneide dich um deine Disziplin.« »Diese Disziplin würde man bei einem menschlich so lockeren Typen wie dir gar nicht erwarten.« »Du bist viel disziplinierter als alle anderen netten Menschen, die ich kenne.« »Deine Disziplin ist ohne die üblichen Nebenwirkungen.«

Organisationstalent:
- »Wie du das nur machst! Alles, was du in die Hand nimmst, wirkt so leicht wie die Kunststücke eines Jongleurs – und doch weiß man, wie schwer die zu bewerkstelligen sind.«

Freundlichkeit:
- (Zu einem Verkäufer oder einer Verkäuferin) »Es ist ungewöhnlich, daß man so kompetent und geduldig beraten wird, wie Sie das gerade getan haben. Und dabei kann ich mir gut vorstellen, wieviele Leute Ihnen jeden Tag mit ihren dummen Fragen die Nerven strapazieren.«

Gegensatzpaare

Auf Geburtstagsfeiern oder Hochzeiten liefern Redner launige Charakteranalysen der gefeierten Personen. Diese ins Langweilige ausgewalzten Schmeicheleien gehen auf die Idee zurück, mehrere Charaktereigenschaften nebeneinander zu stellen – bevorzugt widersprüchliche.

In der gestrafften Form überzeugen derartige Komplimente, weil sie sagen: »Ich habe mich ausführlich mit dir beschäftigt und glaube nun, deine ebenso sympathische wie facettenreiche Persönlichkeit zu verstehen.«

Im Prinzip klingt das dann so:

- »Du vereinst auf eine einzigartige Weise Gerechtigkeit und Wärme.« – Oder Pflichtbewußtsein und Lockerheit, Albernsein und Ernst, Theorie und Praxis, Spontaneität und Kalkül. Bei jedem lassen sich solche Widerspruchspaare finden.
- »Erfahrenheit und Neugier müssen sich nicht widersprechen/ausschließen. Du bist der beste Beweis.«

Untugenden und menschliche Schwächen
An sich negative Charaktermerkmale bilden die Basis für ein Kompliment, wenn man im Verschwörerton sagen möchte: »Das hätte ich auch so gemacht oder gesehen, obwohl es *eigentlich* nicht in Ordnung war. Wir sind aus einem Holz geschnitzt.«

Diese Form der Schmeichelei ermöglicht einen ungewöhnlich schnellen Zugang zum anderen. Ist man dem anderen aber sehr unsympathisch, so wirkt das Untugend-Kompliment äußerst anbiedernd.

- »Ich liebe deine kleinen Gemeinheiten.«
- »Mit sowas hat der Trottel wohl nicht gerechnet!«
- »Einmalig, wie du den fertiggemacht hast!«
- »Du bist so richtig schön schlecht!«
- »Was du dich alles getraust!«
- »Die Tafel Schokolade hast du so geschickt geklaut, daß ich es fast nicht gesehen hätte.«

Erotische Komplimente von Männern
- »Du bist die schärfste Liebhaberin, die ich je hatte.«

Falsch, falsch, falsch – oder wenigstens äußerst gefährlich. Erotische Vergleiche sind geschmacklos, denn: »Wenn er meinen Vorgängerinnen Noten gibt, dann macht er das mit mir genauso.« Dabei gefällt uns doch allen die Vorstellung, unsere Liebe sei etwas Einzigartiges und Unvergleichliches.

Außerdem »hatte« er diverse Liebhaberinnen: »Typisch Mann! Frauen sind für ihn nichts weiter als Objekte.« Davon nimmt er bestimmt auch die Umschmeichelte nicht aus.

In diesem konstruierten Beispiel mögen die Empfindlichkeiten übertrieben dargestellt sein, aber unterschwellig sind sie bei den meisten Frauen vorhanden – und dies zu Recht.

Im Bett und besonders »danach« klingen erotische Komplimente noch am ehesten akzeptabel. Nur vorher erwecken sie einen ungünstigen Eindruck. »Sowas sagen Männer immer dann, wenn sie einen ganz schnell in die Kiste kriegen wollen.«

Eindeutige Hinweise auf Geilheit und Sex wirken nur in Ausnahmefällen »anregend«. Wesentlich bessere »Erfolge« erzielen Männer, die Erotik und »Wünsche« intelligenter, feiner verpacken.

- »Intensiver als mit dir kann Liebe/Zärtlichkeit/Leidenschaft nicht sein.«
- »Du nutzt meine Wehrlosigkeit aus, um mir in deinen raffinierten Verkleidungen den Rest meines Verstandes zu rauben.«

Mit diesem Kompliment wird auch dem gewagtesten Dessous das Billige genommen.

- »Wie du wieder auf der Klaviatur meiner Instinkte spielst!«
- »Es sind deine zarten, alltäglichen Berührungen, die mich auf ›Gedanken‹ bringen.«

Solche Sätze klingen auch in den Ohren der empfindlicheren Frauen noch romantisch genug.

Oft macht schon eine kleine Änderung in der Haltung eine Menge aus: »Ich kann dir nicht widerstehen« erklärt den Mann zum Objekt des weiblichen Sex-Appeals. »Ich finde dich geil« macht die Frau zum Objekt der männlichen Sexualität.

Erotische Komplimente von Frauen

Tanja, 26, hatte einen Studenten kennengelernt und wollte das erste Mal mit ihm schlafen. »Er war ein bißchen schüchtern.« Um sein Selbstbewußtsein aufzubauen, sagte sie ihm, daß er ungewöhnlich gut küssen könne und sie sicher sei: »Mit dir macht es bestimmt Spaß im Bett.«

Seine Reaktion: »Urplötzlich war Ende.«

Da hatten die gutgemeinten Vorschuß-Komplimente offenbar einen hinderlichen Leistungsdruck erzeugt.

Erotische Komplimente »danach« hingegen werden von allen Männern ohne Probleme und völlig unkritisch aufgenommen. Eine 33jährige Ergotherapeutin sagte mir: »Du kannst jedem Mann nach dem Sex sagen, daß es wunderschön war. Er glaubt es, selbst wenn die ganze Sache bloß 30 Sekunden gedauert hat.«

Warum diese Naivität?

»Für *ihn* war's ja auch schön. *Er* hat seinen Orgasmus gehabt.«

Männer neigen nun mal dazu, den eigenen Genuß zu verallgemeinern.

Besondere Fähigkeiten

- »Das hätte ich dir nicht zugetraut.« – Mißverständlich.
- »Sieh mal einer an, was für Fähigkeiten du uns die ganze Zeit verheimlicht hast!« – Sehr gut, weil in einen scherzhaften Vorwurf verpackt.
- »Kompliment, das war eine Spitzenleistung!« – Mehr Lob als Kompliment, daher besonders männerkompatibel.

Erfolg und Stellung
Für tatsächlichen Erfolg, aber auch für Erfolgsaussichten und Talente kann man Komplimente machen.

- »Unglaublich, was du erreicht hast in der kurzen Zeit.«
- »Ich liebe deinen Erfolg.«
- »Du bist ein Erfolgstyp.«
- »Du wirst Erfolg haben, das spüre ich.«

Kochkunst
Der Klassiker der Pflicht-Komplimente.

- »Es hat traumhaft geschmeckt.« – Einfallslos.
- »Die Soße war ein Gedicht.« – Gähn.
- »Das sieht ja aus wie ein Kunstwerk.«
- »Du mußt mir unbedingt das Rezept geben.« – Glaubwürdig nur aus dem Mund von Frauen oder Männern, die gern kochen.
- »Sowas würde ich nie hinkriegen, selbst wenn ich das Rezept und die beste Küchenausrüstung der Welt hätte.«
- »Jetzt ist der Beweis erbracht: Du kannst zaubern.«
- »Du solltest drei Sterne im Michelin bekommen.«
- »Warum machst du kein Feinschmeckerrestaurant auf?«
- »Ich muß mich zurückhalten, um meinen Teller nicht auch noch abzulecken.« – Gut!

Selbstgemachtes
Kreativität und (kunst-)handwerkliche Fähigkeiten sind besonders individuelle Eigenschaften. Menschen identifizieren sich mit Selbstgemachtem noch mehr als mit Gekauftem, sind aber noch unsicherer, ob andere ihre Begeisterung für das Amateurprodukt teilen.

Eine Zwischenstellung nimmt das Selbstkombinierte ein (Inneneinrichtung, Kleidung, »Geschmack«).

- »Das sieht ja toll aus.« – Ja, tut es. Aber jetzt muß noch eine Begründung folgen, sonst geht der Satz nur als Pflichtkompliment durch.
- (Bei etwas eindeutig Selbstgemachtem) »Wo hast du das denn gekauft?«

- »Was du alles kannst!«
- »Das würde ich auch gern können.«
- »Das solltest du professionell machen.«
- »Du bist ein richtiger Profi.«
- »Das muß doch wahnsinnig schwierig sein.«
- »Das könnte ich nie.«
- »Manch ein Profi wäre froh, wenn er das so hinkriegen würde wie du.«

Handwerkliche Fähigkeiten
- »Du bist so geschickt!«
- »Du bist so schnell!«
- »Jeder Griff sitzt! Man könnte denken, du hättest dein ganzes Leben lang nichts anderes getan.«
- »Hast du das mal beruflich gemacht?«
- »Wo hast du das gelernt?«
- »Das hast du dir *selbst* beigebracht? Das kann doch nicht wahr sein!«
- »Ich sehe dir so gern dabei zu, wenn du konzentriert arbeitest und alles um dich herum vergißt.« – Liebenswert persönlich.

Musizieren
- »Ich könnte dir stundenlang zuhören.«
- »Ich bewundere es, wenn man so gut spielen kann.«
- »Sowas muß man schon als Kind lernen.«
- »Hast du mal Musik studiert?«
- »Bei Künstlern werde ich immer schwach.«

Geschmack

Der individuelle Geschmack zeigt sich an der Einrichtung, an der Kleidung, in der Wahl der Dinge, mit denen man sich umgibt, an der Musik, der Kunst, der Literatur und den Filmen, die man liebt. Jeder ist stolz auf seinen Geschmack und hält ihn für etwas Besonderes.

Musik:
- »Die Musik gefällt mir.«
- »Was ist das für Musik?«

- »Sowas habe ich noch nie gehört.«
- »Kannst du mir das mal aufnehmen?«

Einrichtung der Wohnung:

- »Toll, was du aus diesem Raum mit ein paar bescheidenen Mitteln gemacht hast.«
- »Wie du die Möbel mit den Bildern kombiniert hat! Wirkt phantastisch!«
- »Ich fühle mich in deiner Wohnung total wohl.«
- »Ich beneide dich um deine Wohnung.«
- »Du hast immer so tolle Ideen!«
- »Sowas wäre mir nie eingefallen.«
- »Ich hasse diese Wohnungen, die so aussehen wie im Möbelhaus. Deine Wohnung hat was Individuelles.« – *Das* Einrichtungs-Kompliment für Unordentliche.
- »Deine Wohnung hat Flair.«
- »Von dir werde ich mir meine erste Villa einrichten lassen.«
- »Man merkt, daß du mit Leidenschaft Innenarchitektin bist.«
- »Du könntest sofort als Innenarchitekt arbeiten.«
- »An dir ist eine erstklassige Innenarchitektin verlorengegangen.«
- »Wo hast du das nun wieder aufgetrieben?«
- »Du würdest noch aus einer Gefängniszelle einen Palast machen!«

Komplimente maßschneidern

Qualität = individuell + einmalig

Komplimente sind keine Pfandflaschen, die man immer wieder benutzen kann. Nur wenn ausgeschlossen ist, daß es sich um eine Mehrwegpackung handelt, kommen sie an.

Frauen wie Männer antworten auf die Frage nach dem idealen Kompliment: »Wenn es *nur* für mich gedacht ist.«

Anita, 40, hat einen regelrechten Wettbewerb erlebt: »Uwe war ein richtiger Charmeur, sein Freund Klaus stand immer in seinem Schatten. Uwe hauchte mir seine Schmeicheleien hin wie in einem Liebesfilm. Aber wenn ich wieder allein war, dachte ich mir immer: Alles, was er da sagt, hätte auf jede andere Frau genauso zugetroffen.« Diese Einsicht trübte ihren Genuß. »Das ist so wie mit Horoskopen: Du fühlst dich individuell angesprochen, aber in Wirklichkeit steckt nichts dahinter.«

Uwes unscheinbarer Freund Klaus hingegen entpuppte sich als ein Mann mit überraschenden Qualitäten: »Er konnte nicht so glatt Süßholz raspeln, aber seine Komplimente − naja, sie ›handelten‹ praktisch von mir.« Das hat sie überzeugt.

Liebe ist die Liebe zum Detail

- »Ich finde dich schön.«

Dieses Kompliment wirkt verlegen und schafft Verlegenheit. Offensichtlich ist da jemandem nichts Besseres eingefallen. Mag ja nett gemeint sein, aber das Kompliment bleibt oberflächlich, unverbindlich und langweilig.

- »Wenn du beim Kichern die Hand vor den Mund hältst und die Schultern hochziehst, das sieht so unwiderstehlich schelmenhaft aus.«

Klingt doch gleich ganz anders, oder? Diese nette Bemerkung überzeugt, weil ihr eine detaillierte Beobachtung vorausgeht. Da hat jemand genau hingeschaut und sich intensiv mit den Besonderheiten einer Person beschäftigt. Es entsteht das Gefühl: Wir kennen uns, wir stehen uns nahe.

Viele der schönsten Komplimente haben ihren Ursprung in den alltäglichsten Details, in Belanglosigkeiten und »unwichtigen« Beobachtungen. Hier finden sich die unverbrauchtesten Ideen.

Der geschickte Charmeur fragt sich: »Was haben die anderen bisher wohl übersehen?« Je kleiner und überraschender der Anlaß, desto intimer wirken die schönen Worte.

Geliebte Schwächen

Wir alle haben Schwächen, und sie sind ein Teil von uns − auch wenn wir unzufrieden damit sind.

Andreas ist der zappelige, nervöse Typ. Sabine kann auch beim zweiten Stück Kuchen nicht nein sagen obwohl sie sollte. Gerd ist faul. Marina hat eine Hakennase.

Schade − aber was will man machen? Selbst wenn wir uns vornehmen, daß demnächst alles anders wird: Am Ende arrangieren wir uns mit unseren Schwächen. Wirklich wohl allerdings ist uns dabei nicht.

Und dann sagt jemand zum Zappelphilipp: »Ich mag es, daß du immer in Bewegung bist«; zum Faulpelz: »Du strahlst eine angenehme Ruhe aus«; über die Nase: »Dein Gesicht ist so aristokratisch«. Die Frau mit der Problemfigur und dem burschikosen Auftreten hört: »Du hast so wunderbar wenig von einer Barbie-Puppe.«

Macken, Schrullen, Kanten, Ecken, Unkonventionelles: Wenn man einen Menschen liebt, entdeckt man in ihnen das Liebenswerte. Warum nicht gleich ein Kompliment draus machen?

Doch Vorsicht! Solche Komplimente wollen sorgfältig formuliert sein, sonst werden sie am Ende als feinsinniger Spott mißverstanden.

Kreativität in der Formulierkunst

Auch die beste Idee gewinnt noch durch eine gute Formulierung. »Alte« Themen schreien geradezu nach neuer Wortwahl. Die Aufgabe heißt: frische Bilder und Umschreibungen finden. Unverbrauchte Verknüpfungen probieren, neue Sichtweisen entdecken.

Das geht sogar bei klassischen Themen wie »Augen« oder »Lächeln«.

Kreativität und Poesie entwickeln sich von ganz allein, wenn man den Wunsch hat, jemanden, den man mag, mit einer Nettigkeit zu überraschen.

Die richtige Perspektive
Ein Kompliment kann aus den folgenden Perspektiven heraus gemacht werden:
1. Das sieht gut aus.
2. Du siehst gut aus.
3. Du hast einen guten Geschmack.
4. Du gefällst mir.

1. Bezieht sich auf die Sache. Das unpersönlichste Kompliment. Besser wäre 2., am besten 3. an dieser Stelle.

2. Bezieht sich auf eine momentane Leistung. Besser als 1., aber 3. wäre sympathischer.

3. Bezieht sich auf die Persönlichkeit. Die beste Variante.

4. Sieht im anderen nur den Entertainmentwert. Das ist nur dann die richtige Perspektive, wenn die Empfängerin des Komplimentes etwas auf die Meinung des Senders gibt.

Der »gekonnte« Vortrag
Wer ein Kompliment nur herunterleiern will, kann es sich gleich schenken.

Der verschnarchte Tonfall des »Aufgesagten« stört auch wohlwollende Empfänger(innen). Wenn dazu noch unsympathische Verhaltensweisen wie mangelnder Blickkontakt und unpassende Körpersprache treten, liegt der Verdacht nahe: hier heuchelt jemand.

Mit Schauspielerei ist nicht viel zu erreichen, wenn man nicht gerade Profiqualitäten mitbringt, denn ein ehrliches Kompliment ist ein Moment intensiver Kommunikation − das kann man sehen und fühlen.

Wellenlänge suchen und finden

Geschmack – und wie man ihn trifft

Sehen Sie sich lieber romantische Filme an als Komödien? Ziehen Sie bestimmte Schriftsteller oder Musiker anderen vor? Gibt es einige Filmstars, die Sie irgendwie mögen, und andere, die Ihnen nicht so liegen?

Jeder hat seine eigenen geschmacklichen Vorlieben, und das gilt auch für Komplimente. Wählt ein Charmeur die Lieblingsthemen seiner Empfängerin, hat er schon halb gewonnen. Trifft seine Formulierung obendrein den von der Dame bevorzugten Stil, ist ihm ihre Zuneigung sicher. Trägt er das Kompliment dann auch noch genau so vor, wie sie es am liebsten mag, hat er die richtige Wellenlänge gefunden.

Das hört sich so leicht an. Doch wie findet man heraus, wer was will?

Wer will welches Kompliment?

Vor dem Maßschneidern steht das Maßnehmen. Wer jetzt Block und Bleistift zückt, um zu fragen: »Welche Komplimente willst du hören?«, bekommt, vor allem von seiten der Frauen, zur Antwort: »Das mußt du schon selbst rausfinden.« Männer seufzen nun »Warum muß das so kompliziert sein? Kann sie mir nicht wenigstens ein paar versteckte Hinweise auf das geben, was ihr gefällt?«

Mit etwas detektivischem Geschick und dem nötigen Feingefühl findet man es auch allein heraus. Es bringt einen schon viel weiter, sich folgende Fragen zu stellen:

- Worauf ist sie stolz?
- Was wäre sie gern, *ist* es aber nur fast oder nur manchmal?
- Welche ihrer Schwächen findet sie gerade noch akzeptabel?

• Wo fühlt sie sich unterschätzt oder verkannt?
• Wie sieht sie sich?
• Vor allem: Wie möchte sie gesehen werden?

Die Antworten findet der ehrliche Charmeur, indem er aufmerksam zuhört und genau beobachtet – und Spaß daran hat.

Heuchlern oder Aufreißern ist das viel zu umständlich. Wenn ihre Masche nicht zieht, wenden sie sich ab. »Die Nächste, bitte«. Jeden Morgen stehen tausend neue Dumme auf.

Jeder Typ hat seine Vorlieben

Möchte man in der Pause einer Kabarettveranstaltung ein Kompliment machen, darf man davon ausgehen, daß intelligenter Humor geschätzt wird. Im Chillout-Room der angesagten Tekkno-Disco wird gewiß eine andere Sprache bevorzugt als beim Jahresball der Spandauer Jägerschaft.

Gebildete Menschen verlangen andere Komplimente als weniger gebildete. Sehr attraktiven Männern muß man anders schmeicheln als weniger umschwärmten. Powerfrauen brauchen eine andere Ansprache als Hausmütterchen.

Darauf kann man sich einstellen.

Nur wenige Menschen lassen sich ihre Vorlieben überhaupt nicht ansehen. Die 45jährige Marion wirkt ernst, elegant und etwas unnahbar. Instinktiv würde man ihr in einem zurückhaltenden, erwachsenen, ein bißchen vornehmen Stil schmeicheln.

»Ich mag übertriebene Komplimente, so wie Italiener sie machen: – Du bist eine Göttin – und so was. Ich weiß, daß es Quatsch ist, aber ich finde das trotzdem irgendwie romantisch. Obwohl ich auch darüber lachen kann.«

Je mehr man über einen Menschen weiß, desto leichter fällt es, sich seinen Geschmack vorzustellen. Kein

Problem, wenn man sich schon aus dem Sandkasten kennt. In allen anderen Fällen helfen nur zwei Dinge: plaudern und ausprobieren.

Wo hat man welche Chancen?

»Ich arbeite als Model und höre seit Jahren jeden Tag Komplimente über mein Aussehen«, sagt Barbara, 19. Schon als Kind gewöhnte sie sich daran. »Versteh mich jetzt bitte nicht falsch! Ich weiß, es klingt arrogant. Aber es geht mir auf den Keks, ehrlich. Ich will meine Ruhe haben, doch die Männern lassen nicht locker. Kann sein, daß ich ungerecht bin, aber manchmal habe ich auch bei ziemlich sympathischen Typen keine Lust, ein Kompliment toll zu finden, das ich schon zehnmal vorher gehört habe. Die ersten drei Mal laß ich mir ja noch gefallen, aber dann . . .«

Das Basisrepertoire der Klassiker kann bei einer so umschwärmten Frau wie Barbara bestenfalls ein Gähnen erzeugen. In ihrem Fall wird ein Mann eher durch den Verzicht auf Komplimente interessant. Sie liebt den coolen Männertyp, Marke »Sonnenbrillen-Cowboy aus der Jeans-Reklame«, der sie so behandelt, als hätte er's nicht nötig. *Erst mal.*

»Wenn so einer dann rüberbringt, ›Jetzt mach ich mal 'ne Ausnahme, Schätzchen‹, dann ist das zwar ziemlich machomäßig, aber mich macht es an.«

Auch durchschnittlich attraktive Frauen beschweren sich häufig über die »immer gleichen Sprüche«. Fehlt es Männern an Ideen? Sind sie beschränkt? »Die können sich offenbar nicht vorstellen, welche Komplimente eine Frau schon bekommen hat.«

Gern überschätzen sie das Niveau der eigenen Schmeicheleien. »Neulich hat mir ein Typ ein Kompliment gemacht und platzte fast vor Stolz, weil er sich einbildete, es sei so wahnsinnig witzig und superintelligent. Dabei hatte ich seinen Spruch schon x-mal vorher gehört.«

Er aber nicht. Deshalb wollte er sogar Komplimente für die vermeintlich einzigartige Qualität seiner Komplimente bekommen – und wartet heute noch.

Unattraktive Menschen sprechen stärker auf Komplimente an als die umschwärmten. Kein Wunder, denn sie werden mit Charme noch weniger verwöhnt als die, hinter denen alle her sind.

Doch auch »Mauerblümchen« haben ihren Stolz, wie Doris, 27, betont: »Ich weiß, ich bin nicht gerade eine Schönheit. Natürlich hört man dann um so lieber was Nettes über das Aussehen. ›Das steht dir aber gut‹, oder so. Aber wenn so ein Idiot anfängt, mich mit Claudia Schiffer zu vergleichen, werde ich sauer. Da weiß man doch gleich, was er will. Und er bildet sich ein, mit so einer wie mir hätte er leichtes Spiel.«

Die Feinabstimmung – Probieren geht über Studieren

Jede Schmeichelei schließt mit einem unausgesprochenen: »Na, wie findest du das?«

Nicht so besonders? Dann geht das nächste Kompliment in eine andere Richtung.

Diesmal besser? Nein? Vielleicht mal ein anderes Thema. Aha, *da* kommt das Lächeln. Sofort notieren. Jetzt in dieser Art nachlegen, aber in einem etwas witzigerem Stil. Vorhin, das war vielleicht einen Hauch zu ernst. Aha, Lachen! Jetzt haben wir's langsam.

Durch Herumprobieren nähert sich der Charmeur schrittweise dem Komplimentgeschmack des oder der Umschmeichelten, weil er deren Signale richtig zu deuten versteht. Bis schließlich eine gemeinsame Wellenlänge gefunden ist.

Bei einem Partyflirt kann das ganz schnell gehen. Eben noch war man sich fremd, kurz darauf tauscht man die Telefonnummern aus. Weniger rasant entwickelt sich der charmante Dialog, wenn sich die beiden Beteiligten nicht gerade »gesucht und gefunden« haben. Auch im Verhältnis zu Kollegen oder Kunden dauert es mitunter Wochen oder Monate, bis man sich in einer gemeinsamen Sprache der schönen Worte unterhalten kann.

Komplimente wenden sich nicht an eine griechische Statue, sondern an einen Menschen. Der *reagiert* auf das Kompliment und bestimmt damit ganz entscheidend, wie dieser Dialog weitergeführt wird.

Man muß sich auf jeden Menschen neu einstellen. Das sollte beiden Spaß machen, denn Erfolg beflügelt, und die Qualität der Komplimente wird mit jedem Mal besser.

Manche Menschen machen einem das nicht leicht. Die einen lieben es, sich spröde zu geben, weil sie sich gern zieren. Bei anderen stoßen die ersten Versuche auf wenig Gegenliebe. Erst im Laufe immer neuer Versuche – und vielleicht auch nach Rückschlägen oder Mißverständnissen – entwickelt sich vorsichtig eine Beziehung. Wer diese Durststrecke durchhält, beweist immerhin, wie aufrichtig sein Interesse an einer harmonischen Beziehung ist. Das macht es dem anderen leichter, sich langsam zu öffnen.

Anpassung und Mimikri – Welcher Charmeur wird gewünscht?

Hardy, 36, Versicherungskaufmann, meint, viel wichtiger als der Inhalt eines Komplimentes sei der »Typ«, der es vorträgt. »Ich versuche, ein bißchen so zu sein, wie der Mann, von dem sie schwärmt.«

Und welcher ist das?

Hardy unterhält sich mit den Damen, die er kennenlernt, zuerst über Kino. »Welche Helden findet sie klasse? Den total coolen Typen mit Pokergesicht und ein paar trockenen Sprüchen? Oder den eleganten Plauderer? Den raffinierten Hochstapler? Oder doch lieber den Schönling mit dem Schlafzimmerblick?«

Und dann ist Hardy zufällig genau der Gewünschte.

Natürlich dürfen die Frauen nichts von diesem chamäleonhaften Anpassungsvermögen wissen. »Sonst glauben sie, daß man sie manipulieren will.«

Ein Mann verleugnet sich selbst, um sein Ziel bei Frauen zu erreichen.

»Ach Quatsch! Was ist Schlimmes daran, wenn ich sie nach ihren Lieblingsgerichten frage, weil ich optimal für sie kochen möchte?«

Plagen Hardy denn wenigstens Gewissensbisse bei seiner Mimikri?

»Ich muß mich nicht verstellen.« Er pocht auf seine Vielseitigkeit. »In mir steckt gleichzeitig ein bißchen Bogart, ein bißchen Woody Allen, ein bißchen Kevin Kostner und ein bißchen was weiß ich wer noch alles.«

Kompliment-Stile

Es gibt unzählige Arten, wie man einen Hit von den Beatles interpretieren kann. Für welchen Stil sich ein Künstler entscheidet, richtet sich ganz nach den eigenen Fähigkeiten, der Situation und – vor allem – dem Geschmack des Publikums.

Das neutrale Kompliment – die freundliche Feststellung/Bemerkung

- »Das ist ja ein sehr eleganter Mantel.«
- »Ihr Lächeln bringt Sonnenschein in unser Büro.«

Wo die persönliche Beziehung nicht sehr eng ist, werden neutrale Komplimente gewählt. Sie wirken sympathisch, ohne aufdringlich zu sein. Auch wenn der Partner danebensteht, erwecken sie keine Eifersucht in ihm.

Man sieht den eleganten Mantel, und man sagt ein paar nette Worte dazu − fertig. Jeden Tag bieten sich unzählige Gelegenheiten dieser Art im Vorbeigehen. Der Aufwand ist gering, niemand ist von der Aufgabe überfordert.

Durch genaue Beobachtung und unverbrauchte Themen kann man in diesem Stil sehr individuelle und originelle Komplimente machen.

Das poetisch-romantische Kompliment

- »In diesem Kleid wirst du zu meiner Prinzessin.«
- »Dein Lächeln verwirrt meine Sinne.«

Was zwischen Turtelnden und Liebenden die Gefühle hochkitzelt, mag im Büro aufdringlich, deplaziert oder − im besten Falle − ironisch wirken.

Liebe macht blind, und glücklicherweise schickt sie auch den literarischen Geschmack in die Ferien, denn anders ließe sich das nicht ertragen, was manch einer unter poetisch-romantisch versteht. So schön nämlich dieser Stil sein kann, so oft mißlingen doch auch die Versuche. Man bekommt viel Kitsch und Platitüden zu hören − Komplimente, die nur in gnädiger Liebeslaune ans Herz gehen.

Das kitschige und das übertriebene Kompliment

- »Wenn ich dieses Lächeln sehe, weiß ich, wofür ich mein ganzes bisheriges Leben alle Entbehrungen ertragen habe.«
- »Auf dein Lächeln kann ich dir nur antworten: Auf ewig will dein ich sein, Einzige!«
- »Niemals werde ich an etwas anderes denken können als an die Augen, die mich lehrten, was Schönheit ist.«

Schmalz in der Tüte! Da muß man einfach lachen – auch wenn das Kompliment ernstgemeint sein sollte.

Es bedarf nur einer kleinen Übertreibung an der falschen Stelle, um ein romantisches Kompliment zu purem Kitsch verkommen zu lassen. Eine naive Minderheit schlichter Gemüter mag diesen Stil. Alle anderen wenden sich peinlich berührt ab oder unterstellen Heuchelei.

Wer den kitschigen Stil jedoch parodiert, erlebt begeisterte Reaktionen. Man amüsiert sich über die übertriebene Gefühligkeit der Lore-Romane und damit auch über die sentimentale Ader in sich selbst, denn ein *bißchen* empfänglich für Schmus sind, in irgendeinem dunklen Urgrund des Herzens, auch die härtesten Machos und Powerfrauen.

Nicht nur das Romantische läßt sich übertreiben:

- »Wenn du dieses Kleid trägst, endet das Zeitalter der Mode, und alle Models der Welt werden arbeitslos.«

Solche Komplimente sind typisch für lustige, verspielte Menschen und entstehen oft aus einer kultivierten Art von Verlegenheit: Man findet »normale« Komplimente zu abgegriffen und peinlich oder traut sich nicht, sich zu den eigenen aufrichtigen Gefühlen zu bekennen. Hinter Humor kann man ernste Empfindungen und Ambitionen liebenswert verbergen. Wenn man für ein übertriebenes Kompliment ausgelacht wird, ist das kein Korb.

Das ironisch-provokante Kompliment

Mann: »Kannst du das Kleid bitte ausziehen?«
Frau: »Wieso das?«
Mann: »Es steht dir zu gut.«
Dieser Komplimentstil funktioniert nur als Dialog.
Mann: »Ich finde dieses Kleid unpassend.«
Frau: »Warum das denn?«
Mann: »Es macht es mir unmöglich, dich anders zu behandeln als als wunderschöne Frau.«

Das geistreiche Kompliment

- »Ein Kleid wie das Platin an deinem Ringfinger.«
- »Dein Lächeln reimt sich auf das, was du sagst.«
- »Ich liebe es, wenn sich jemand so intelligent kleidet wie du.«

Wer versucht, geistreich zu sein, gibt sich immer Mühe. Hoffentlich klingt er nicht bemüht. Seine Komplimente leben von Bildern, Vergleichen und Assoziationen. Dazu zeichnen sie sich durch die dichterische Qualität der Formulierung aus.

Das liegt nicht jedem: Viele Charmeure blamieren sich mit ihren Gehversuchen im Feuilleton- und Goethe-Bereich, weil letztlich doch nicht mehr herauskommt als Primanerlyrik.

Ebenfalls knapp daneben: Die Komplimente bestehen zwar vor Reich-Ranicki, aber die Empfänger kapieren sie nicht. Nichts ist schlimmer, als wenn man Witze oder Komplimente erklären muß. Mit anderen Worten: Der Geist muß sowohl vorhanden sein als auch verstanden werden können.

Das »Ich-mache-keine-Komplimente«-Kompliment

»Ich mache keine Komplimente!« trällerte der Schlagersänger Ricky Shane und stürmte um 1970 Dieter »Thomas« Hecks Hitparade. Der angebliche Millionärssohn mit dem vollen Kußmund soll auch weibliche Fans gehabt haben.

- »Du bist zu großartig, um dich mit Komplimenten zu belästigen.«
- »Eine so attraktive Frau wie du hat bestimmt alle Komplimente schon gehört.«
- »Eigentlich müßte ich dir ständig Komplimente machen, und das würde dich gewiß langweilen.«
- »Das schönste Kompliment für Sie ist bestimmt der Verzicht auf Komplimente.«

Mit dieser Art von verständnisvoller Verbrüderung schmeichelt der Ich-passe-in-keine-Schublade-Typ den Menschen, die er für aufregend hält.

Die lassen es sich gefallen und erwarten, daß er ein paar Gelegenheiten später zu einem eher konventionellen Charme findet. Er tut es − natürlich gegen seine Gewohnheit, aber selten zuvor hat er eine so ungewöhnliche Person getroffen. »Man muß auch mal eine Ausnahme machen können.«

Unangenehme Komplimente

Mißglückte Schmeicheleien
- »Du wirst noch hübscher, wenn du dich aufregst.«

Dieser Macho-Klassiker steht ganz oben auf der schwarzen Liste männlicher Verfehlungen. Es passiert oft, daß unbeholfene Männer im festen Glauben an ihre Masche im falschen Stil zur falschen Zeit das Falsche sagen.

Auch mit »guten« Komplimenten kann man sich bestehende Sympathien verscherzen, wenn man sie falsch vorträgt. Vor allem der Eindruck der »Schleimigkeit« macht jede positive Wirkung zunichte. Noch weiter vorn in der Hitparade der abkühlenden Begleiteffekte stehen die altbekannten Mängel: Aufdringlichkeit, Wahllosigkeit, Geschmacklosigkeit, Glattheit.

Unbeabsichtigt peinliche Komplimente
- »Seit wann liest *du* den SPIEGEL?«
- »Das Kleid sieht nicht halb so grauenhaft aus wie dein Hosenanzug.«
- »Das Kleid finde ich sehr hübsch. Man sieht deine dicken Oberschenkel nicht mehr.«

Diese Tiefschläge sitzen, und sie tun weh − dabei *müssen* sie nicht böse gemeint sein. Es gibt Menschen, denen derartig kompromittierende Bemerkungen herausrutschen.

Je nach Empfindlichkeit der Empfänger kann schon folgender Klassiker dazu führen, daß der Abend verdorben ist:

- »Sagenhaft. Du könntest einen Kartoffelsack tragen, und es sähe klasse aus.« Reaktion: »Willst du damit sagen, daß mein selbstgeschneidertes Lieblingskleid wie ein Kartoffelsack aussieht?«

Das böse Kompliment
- »Ich bewundere dich, weil du dir deine Naivität erhalten hast.«
- »Tolles Kleid! Man könnte fast denken, du hättest eine Figur.«

So stellen wir uns die giftigen Damen der High Society vor, wenn sie sich bei einem Empfang die Augen auskratzen. Auf diese verletzende Art werden Feindschaften ausgetragen – am liebsten vor einem Publikum gemeinsamer Bekannter oder Verwandter, die sich zwischen peinlichem Wegschauen oder sensationslüsternem Interesse entscheiden können.

Fishing for Compliments
- »Wie findest du übrigens . . .?«
- »Toll, nicht?«

Mit diesen knallharten Methoden werden Komplimente erpreßt. Fishing for Compliments macht unsympathisch, weil es eitel wirkt und das Gegenüber zum Stichwortgeber, zur Knallcharge herabstuft. Nicht selten bekommt man »jetzt erst recht« keine Nettigkeiten mehr zu hören – »schon aus Prinzip«.

Die unangenehmste Variante des Fishing for Compliments beginnt mit einem Kompliment:

- »Du bist die klügste Frau, die ich kenne, und du hast eine erlesenen Geschmack. Wie findest du mein neustes Gemälde?«

Verdächtige Komplimente

Warm ergießt sich ein Regen schöner Wörter auf unseren Partner, den Chef oder Freunde. »Aus heiterem
Himmel? Da weißt du gleich Bescheid.«

Das Mißtrauen ist nicht übertrieben. Tatsächlich
schenken (noch zu) wenige Menschen Blumen, Prali-
nen oder Komplimente zwischendurch, ohne daß sie
gleichzeitig an einem schlechten Gewissen zu knab-
bern haben. Und wer hätte diese ganz ähnliche Situation vor Wochen vergessen, wo sich dann auch her-
ausstellte, daß der Schmeichler etwas ausgefressen
hatte?

Bei der Vorbereitung eines Buches über das Fremdgehen hatte mir eine Frau gesagt: »Mein Ex-Freund
fing mit kleinen Geschenken und Komplimenten an,
weil er bei seiner heimlichen Geliebten wohl trainiert
hatte.« Als sie das herausfand, war sie doppelt enttäuscht.

Ein Kompliment darf überraschend kommen, aber
dem Abklingen der ersten Begeisterung sollte, vor allem in Beziehungen, eine plausible Begründung folgen. Im Büro kann man die Kollegen ja rätseln lassen:
»Was ist denn in *den* gefahren? Seit wann ist *der* charmant?« Sie werden sich schon dran gewöhnen.

Der optimale Zeitpunkt

Feingefühl für Launen und Situationen

Am frischen Grab des gerade verschiedenen Partners
möchte man nicht unbedingt gesagt bekommen:
»Schwarz steht dir echt klasse. Es betont deine sexy
Formen und macht dich irgendwie geheimnisvoll.«

So aufmunternd Komplimente sein können, wenn

man sich in einem Tief befindet, so lästig werden sie doch, wenn man einfach mal allein sein will oder einen Moralischen hat.

Was man in neutraler oder guter Laune noch als nett und sogar geistreich empfunden hätte, tut man unter bestimmten Umständen als aufdringliche, unsensible Oberflächlichkeiten ab. Versteht es aber ausnahmsweise jemand, auch in »schwierigen« Situationen die angemessenen Komplimente zu machen, freut man sich um so mehr.

Auch die Launen ihrer Mitmenschen stellen charmante Frauen und Männer vor größte Probleme. Ralf, ein Anlageberater, kann sich nur schlecht an die wechselnden Stimmungen seiner sprunghaften Partnerin gewöhnen.

»Einen Tag bist du der Tollste, wenn du ihr was Nettes sagst, am nächsten Tag putzt sie dich für genau das gleiche runter, weil: du bist ja nur ein Schleimer.« Sagt er ihr nichts, dann kommt: »Kein Wunder, daß ich so schlecht gelaunt bin, wenn du mir nie was Nettes sagst.«

Das tut er nur, »wenn sie 100%ig gut drauf ist.« Seufzend fragt er sich, »wann sie sich diese Zickigkeit endlich abgewöhnt. Ich bin doch auch nicht so.«

Versöhnende Komplimente und Entschuldigungen

In jedem Streit kommt der Moment der Ermüdung. Ein kleines Kompliment kann die Versöhnung einleiten. Man muß allerdings ertragen, daß die erste Nettigkeit noch abgelehnt wird: »Bitte lenk jetzt nicht ab!«

Es folgt ein weiteres Kompliment, schon erscheint ein erstes Lächeln, und meist dauert es nicht lange, bis man sich wieder vertragen hat.

Komplimente unter mehr als vier Augen

»Ein attraktiver Kollege, der mir ziemlich gleichgültig war, machte mir immer nur dann sehr persönliche Komplimente, wenn andere daneben standen. Mir was das peinlich, aber was sollte ich machen? Ich konnte ihm seine ›netten‹ Bemerkungen ja schließlich nicht verbieten.«

Ute, 24, arbeitet in der Verwaltung einer großen Möbelfirma. Ihre Kollegen, vor allem die weiblichen, fingen an zu tratschen. »Solche Komplimente bekommt man nicht ›einfach nur so‹.«

Am Ende erwies sich der unsensible »Charme« für den Kollegen als Bumerang. Ute ließ ihn noch einige Zeit gewähren, dann aber stellte sie ihn zur Rede – auch vor Zeugen, und das wurde sehr peinlich für ihn.

Wibke, 49, beschäftigt in ihrem Laden für Badezimmereinrichtungen sechs Mitarbeiter, denen sie regelmäßig Komplimente macht. »Wichtig ist, daß jeder mal an die Reihe kommt.« Sie setzt die schönen Worte ganz gezielt zur Motivation ein. »Man fühlt sich, wenn einem die Chefin vor versammelter Mannschaft...«

Wer sich besonders hübsch kleidet oder sehr charmant zu Kunden und Kollegen ist, bekommt ein Kompliment, dem eine Portion Lob untergerührt ist. Das hebt die Laune und regt auch ein bißchen die Konkurrenz an.

Auch in der Liebeswerbung ist man nicht immer allein, wenn es ans Schmeicheln geht. »Leider«, stöhnt Ingo, 29, als er mir von einer sehr attraktiven Frau erzählt, die er häufiger in einem bestimmten Lokal gesehen und in die er sich prompt verguckt hatte. Ingo wurde Stammgast, aber seine Angebetete kam nie allein. »Immer war ihre Freundin dabei: klein, blond, sympathisches Gesicht, aber eher unattraktiv und ganz bestimmt nicht mein Fall.«

Nach einiger Zeit schüchternen Zögerns hat Ingo sich getraut, die beiden anzusprechen. »Wir haben uns zu dritt unterhalten, und ich habe mir größte Mühe gegeben, der Blonden mindestens genausoviel Komplimente zu machen wie meiner Favoritin.«

Offenbar gefiel es der Schönheit, daß Ingo auch charmant zu der Frau war, die ein typischer Aufreißer als störend empfunden hätte. Wahrscheinlich besaß dies den angenehmen Nebeneffekt, daß die weniger attraktive Frau ihrer umschwärmten Freundin den charmanten Ingo nach diesem ersten Zusammentreffen nicht ausreden wollte. Jedenfalls konnte er bei seiner Favoritin landen.

Pflicht-Komplimente aus Höflichkeit
● »Das Essen schmeckt ausgezeichnet.«
● »Die Wohnung ist sehr geschmackvoll eingerichtet.«

So bedankt sich der höfliche Gast für die Einladung und die entstandenen Mühen.

Man mag solche Komplimente heuchlerisch finden, wenn der Braten verkohlt und die Wohnung grauenhaft eingerichtet ist. Aber wird da die Latte nicht zu hoch gelegt? Es wäre doch sehr egoistisch, seinen GastgeberInnen den Tag zu verderben, nur weil man sich aus Gewissensgründen nicht imstande fühlt, drei charmante Worte gegen das eigene Empfinden auszusprechen.

»Fällt dir nichts an mir auf?«
Stefanie, 26, Verkäuferin, hat sich ein »völlig neues Styling machen lassen«. Sie ist stolz und begeistert von der 150-Mark-Trendfrisur und ihrem Profi-Make-up. »Man muß sich verdammt zurückhalten und Geduld haben, um nicht gleich damit herauszuplatzen.«

Aber damit nähme sie einem möglichen Kompliment die Kraft. Sie will ihrem Mann die Chance geben, ihre spektakuläre Veränderung »von allein« zu bemerken.

Wie lange währt die Geduld? »Irgendwann fange ich natürlich mit › Hinweisen ‹ an.«

Sie tut es ungern. Um sich selbst möglichst wenig des erhofften Spaßes zu verderben, beschränkt sie sich auf subtile Anspielungen. Sie fährt sich durchs Haar, als sei sie von L'Oreal als Reklamegirl engagiert. Doch ihr Mann begreift immer noch nichts.

Muß sie noch deutlicher werden?

Sie stellt sich in Pose, präsentiert ihm die Frisur aus allen Blickwinkeln.

»Irgendwann kommt der Moment, da werde ich sauer.«

Wenn ihr nichts anderes übrig bleibt, fragt sie ihn, wie ihm ihre neue Frisur gefällt.

Und wenn nun eine emotionslose Antwort käme?

»Männer hören ganz genau raus, was los ist.« Schon der Tonfall sagt ihnen deutlich, daß sie jetzt aufwachen und etwas einigermaßen Charmantes sagen *müssen*, oder es gibt Ärger.

Viel zuviele Männer wissen, wovon ich rede.

Frank, der Kunsttischler, ist da schon wesentlich sensibler. »Ich erkenne immer schon an ihrem Blick, daß ich jetzt was bemerken *muß*.«

Hektisches Suchen − meist von Erfolg gekrönt.

»Aber manchmal kann ich beim besten Willen nichts finden. Dann fängt so eine Art Quiz an.«

Wie beim Topfschlagen arbeitet er sich mit »heiß« und »kalt« zur Lösung vor. Franks Partnerin wird das Warten durch ein paar Neben-Komplimente versüßt.

Für das »typisch weibliche« Bedürfnis, »es spannend zu machen«, haben Männer wenig Verständnis. Wenn *sie* etwas Nettes hören wollen, weil sie z. B. stolz auf eine Neuerwerbung sind, machen sie kein »umständliches Gewese« darum, sondern fallen lieber mit der Tür ins Haus. Sie präsentieren ihre neuen »Errungenschaften« mit einem direkten »Sieh mal, was ich hier Tolles habe!«

So entgehen ihnen viele schöne Komplimente. Selbst schuld.

Dramatische Inszenierungen

Unverhofft kommt viel zu selten
Stellen wir uns eine Frau im Alltag vor. Sie ist gestreßt, etwas übermüdet, überhaupt nicht »gestylt«, eher schlampig. Sie hat nicht die beste Laune und weckt in keiner Hinsicht knisternd erotische Erwartungen. In diesem Zustand kann sie nicht nicht unbedingt auf Komplimente hoffen.

»Sie schaute mich mit großen Augen an. Zuerst dachte sie wohl, ich wolle sie verarschen. Aber ich meinte es ganz ernst.« Martin, 34, ist Anwalt und spaßt nur selten. Aber er macht häufiger unerwartete Komplimente.

Der Verwunderung folgt unvermeidlich eine ausgesprochen positive Reaktion, denn sie denkt: »Für ihn bin ich nicht erst dann die Märchenprinzessin, wenn ich mich drei Stunden lang in Schale geschmissen habe.«

Auch bei jeder anderen Art von Geschenk genießen wir ja nicht nur den Inhalt und seine Verpackung, sondern gerade auch die Überraschung. Ein paar Blumen oder ein Buch »einfach so zwischendurch« beeindrucken uns viel mehr, als das gleiche Präsent unterm Tannenbaum. Allerdings sollte man die Pflichtanlässe nicht übergehen, denn feste Geschenktermine haben den Vorteil der spannenden Vorfreude.

Das Geheimnis des Schenkens läßt sich in drei kleinen Sätze zusammenfassen:

* Ich weiß nicht, ob.
* Ich weiß nicht, wann.
* Ich weiß nicht, was.

Oder anders herum: Am wenigsten freuen wir uns über ein Geschenk – oder Kompliment –, wenn wir es verlangt, für den Schenker ausgesucht und den Zeitpunkt der Übergabe selbst bestimmt haben.

Es gibt Männer und Frauen, die immer dann ein Kompliment aus dem Ärmel schütteln, wenn man am wenigsten damit rechnet. Täglich erleben sie, wie sogar eine konventionelle Schmeichelei durch die Kraft der Überraschung eine ungeahnte Wirkung entfaltet.

Theaterdonner

Paul, 31, ein sportlich gebauter Techniker, sitzt nach dem Abendbrot auf dem Sofa. Er sagt herumdrucksend und mit trauriger Stimme zu seiner Freundin Lisa: »Ich muß dir jetzt etwas sagen, das ich schon länger mit mir herumschleppe.«

Lisa blickt, nichts Gutes ahnend, auf. Dann steigert Paul ihre negative Erwartung noch, indem er hinzufügt: »Ich weiß, ich hätte es dir schon eher sagen müssen.«

Lisa rechnet mit etwas sehr Unangenehmem, und Paul übertrifft ihre dunkelsten Erwartungen: »Ich habe ein Suchtproblem.«

Lisa ist schockiert und sprachlos. Ein Suchtproblem!? Sie hatte nichts davon gemerkt. Nach einem Augenblick des Schweigens sagt Paul: »Ich bin süchtig nach dir.«

Raffiniert wurde hier die »Fallhöhe« eines für sich genommen nicht sonderlich aufregenden Komplimentes erhöht. Die Formel lautet: Erwartungen in die falsche, negative Richtung lenken – Kunstpause – dann Auflösung durch ein unerwartetes Kompliment.

Ein anderes Beispiel für eine auf die Spitze getriebene Dramaturgie:

Claudia sagt vorwurfsvoll zu Jürgen: »Weißt du, was mich immer wieder an dir stört?«

Jürgen will antworten, doch Claudia macht eine wegwischende Handbewegung. »Nein, sag jetzt nichts, das würde es vielleicht noch schlimmer machen.«

Oh Gott, denkt Jürgen.

»Soll ich dir sagen, was mich *echt* an dir nervt?«

Ein Vorwurf aus heiterem Himmel. Jürgen überlegt fieberhaft, was er in letzter Zeit falsch gemacht haben könnte. »Was nervt dich denn?« fragt er kleinlaut.

»Daß du mir seit vier Jahren den Kopf verdrehst, und ich kann nichts gegen meine Liebe unternehmen.«

Komplimente mit Theaterdonner gelingen nur, wenn man sie gut vortragen kann. Der Unterton der Stimme im ersten, absichtlich mißverständlichen Teil des Komplimentes muß dräuendes Unheil glaubwürdig rüberbringen. Die zuckersüße Pointe des Komplimentes will dann ganz sympathisch und humorvoll gesprochen sein.

Wem die ganz große Inszenierung zu schwierig erscheint, der kann es auch eine Nummer kleiner versuchen: »Du siehst heute echt nicht besonders gut aus – sondern spektakulär.«

Nur der »erfahrene Charmeur« kann diese Art von »Gesamtkunstwerk« aus dem Stegreif improvisieren. So sagt denn auch Paul: »Ich muß zugeben, daß ich mir sowas vorher ausdenke und im Kopf durchspiele. Aber was ist schlimm daran? Meine Freundin ist immer begeistert von meinen kleinen › Vorstellungen ‹, wie sie das nennt.«

Der dramatische Aufbau

Dramatische Inszenierungen spielen immer mit den Erwartungen des Publikums, die in der Schlußpointe auf angenehme Art *nicht* erfüllt werden. Nach diesem Prinzip lassen sich selbst »langweilige« Beobachtungen wie das vielstrapazierte »neue Kleid« inszenieren:

»Irgend etwas hat sich verändert, und ich komme noch drauf.« Der Mann betrachtet im Inspektor-Columbo-Stil die Frau mit dem neuen Kleid.

»Typisch Mann, die haben kein Auge für sowas«, wird die Frau denken und ihn kokett zum Kompliment führen: »Du bist mir so ein Stoffel. Sieht doch jeder, was an mir anders ist.«

»Ja, stimmt. Jetzt hab ich's. Du lächelst noch schöner als sonst.«

Falsch – aber sie freut sich dennoch.

Der Mann sieht sie eine Weile prüfend an. Er steht auf, geht näher heran.

»Du hast einen etwas anderen Lippenstift als gestern genommen, weil er so gut zu dem Hauch von Farbe auf den Augen paßt.«

Stimmt. Sehr genau beobachtet.

In diesem Stil kann Columbo weiterschmeicheln. Die Frau merkt mit besonderer Freude, daß da jemand etwas absichtlich übersehen hat. Hoffentlich spielt sie Columbos Spiel mit.

Warum kommen solche Inszenierungen so gut an? Weil sich jemand ganz offensichtlich Mühe gibt.

Komplimente in romantischer Atmosphäre

Chopin streichelt die Tasten, Vollenweider greift zärtlich in die Harfe. Im Schein vielarmiger Kerzenleuchter verwandelt sich das konventionellste Kompliment in ein einzigartiges Kleinod mit Julio-Iglesias-Schmelz.

Aus diesem Grund werden gerade »große« Komplimente mit dem Charakter von Liebeserklärungen oder Anträgen gern in einem »angemessenen Rahmen« gemacht.

Wenn es gut und stark ist, zaubert ein Kompliment für einen Augenblick eine romantische Atmosphäre auf die Bühne des Alltags. Wird es dann noch in einer romantischen Umgebung vorgetragen, folgen Rührung und alle Arten von Schwachwerden.

Warum auch nicht? Da gibt sich jemand Mühe mit der Inszenierung, denn er oder sie will etwas erreichen: Nähe und Intimität. Selten wird der Straftatbestand der Heiratsschwindelei erfüllt, und in allen anderen Fällen sollen die beiden Beteiligten den Abend in vollen Zügen genießen.

Romantische Komplimente in festlicher Umgebung, am Kaminfeuer oder beim Sonnenuntergang mögen zwar keine Erfindung der letzten 20 Jahre sein, aber noch immer kann ihnen keine andere Art der Verführung den Rang ablaufen. Wer es ernst meint mit der Verführung, sollte sich das mal durch den Kopf gehenlassen.

Richtig reagieren

»Vielen Dank für die Blumen.«

Nun hat man also ein Kompliment gemacht. Und dann? Was bekommt man nun zurück?

Ein kokett freches »Dan-*ke*« mit der Betonung auf der zweiten Silbe sagt: »Dieses Kompliment war nett und absolut angemessen. Ich nehme es stolz und etwas überrascht entgehen.« Es könnte allerdings auch meinen: »Na, vielen Dank für diese kompromittierende ›Schmeichelei‹. Das war ein Schuß in den Ofen.«

Viel lieber hört man da ein erstauntes »Danke« mit der Bedeutung: »Damit habe ich ja gar nicht gerechnet.«

Bekommt man ein einladend gehauchtes »Danke« als Reaktion, darf man sich besonders ermuntert fühlen. Oder war das »Danke« nur höflich und ohne jeglichen Hintergedanken, aber zufällig hat man gerade jemandem mit einer rauchigen Schmusestimme geschmeichelt?

Selbst in das kleine Wörtchen »Danke« passen viele verschiedene Bedeutungen. Es lohnt sich, sie zu studieren, denn an ihnen läßt sich ablesen, wie der charmante Dialog weitergehen soll.

Bescheidenheit
- »Komm, jetzt übertreib nicht so!«
- »Nein, so toll bin ich gar nicht.«

Mit einer Mischung aus Verlegenheit und Bescheidenheit dämpfen viele Frauen und Männer das Pathos eines eben empfangenen Komplimentes. So schlagen sie zwei Fliegen mit einer Klappe, denn erstens ist Bescheidenheit immer sympathisch, und zweitens kann man so ganz nebenbei weitere Komplimente provozieren.

Das Gegenkompliment
Die meisten Menschen können ein Kompliment nicht auf sich »sitzen« lassen. Einem tiefwurzelnden Wunsch nach Ausgleich, nach einer Balance von Sympathie und Macht, entspringt ihr Gegenkompliment. Man hat etwas geschenkt bekommen und erwidert dies gleichwertig. Das Gefühl von Einseitigkeit, Verpflichtung oder Peinlichkeit verschwindet, und das Gleichgewicht ist wiederhergestellt.

Auf die Welt der Komplimente übertragen funktioniert das im einfachsten Falle so:

- Kompliment: »Du siehst gut aus.«
- Gegenkompliment: »Du aber auch.«

Allerdings kann man das auch intelligenter abwandeln:

- »Du bist wunderbar.«
- »Das liegt an dir.«

Treffen zwei Menschen mit einem Hang zum Gegenkompliment aufeinander, können sich Dialoge entspinnen, wie Drehbuchautoren sie den Höflingen des galanten Zeitalters in den Mund gelegt haben.

Verlegenheit
Eine feministische angehauchte Bekannte sagte mir mal: »So haben die Männer uns Frauen gern: Unreif, verlegen, das Mäuschen, das dem gnädigen Herrn dankbar ist für die paar Krümel, die er ihr hinstreut, wenn er in der Laune dazu ist.«

Dem muß ich entgegenhalten, daß auch schmeichelnde Frauen es genießen, die EmpfängerInnen ihrer Komplimente ein wenig in Verlegenheit zu bringen. »Du sagst einem Mann was Nettes, und dann schlägt er die Augen nieder. Find ich richtig niedlich.«

Wo es keine Opfer gibt, da gibt es keine Täter, und im allgemeinen erleben Frauen wie Männer die eigene Verlegenheit im Anschluß an ein Kompliment als angenehm. Manche fühlen sich an ihre Teenager-Zeit erinnert. »Da lagen Verlieben und Verlegenheit ganz nahe beieinander.«

Was soll auch peinlich sein an ein bißchen Verlegenheit? »Man kann ja sowas wie ›Du machst mich ganz verlegen‹ sagen.« So zieht man sich höflich, sympathisch und kultiviert aus der Affäre.

Einige Frauen spielen mit der vorhandenen oder erwarteten Verlegenheit: »Klar bin ich verlegen. Aber das ist mehr gespielt als echt, und weil ich dabei natürlich ein bißchen übertreibe, merkt er doch sowieso, wie's gemeint ist.«

Sabine, eine Jurastudentin, ist für ihre 21 Jahre schon recht raffiniert. Sie beherrscht die Feinheiten der Koketterie und spielt mir vor, wie sie mit treuem Augenaufschlag der ersten Verlegenheit ein gekonnt unsicheres »Findest du wirklich?« folgen läßt. Ich kann mir gut vorstellen, wie sie auf diese Tour einen reißenden Komplimentesog erzeugt. Andererseits: Ohne diesen Schuß Selbstironie, den man in ihren Mundwinkeln sieht und in der Stimme gerade noch hören kann, würde ihr Spiel mit der Verlegenheit geziert und eitel wirken.

Ein Kompliment darf nicht beschämen

Eine kleine Portion Verlegenheit kann jeder vertragen. Aber was ist, wenn man von ein und derselben Person andauernd mit großkalibrigen Schmeicheleien bombardiert, in Nettigkeiten fast schon erstickt wird?

Man fühlt sich beschämt, und letztlich wirkt die Überdosis abstoßend, weil aufdringlich. Beim Empfänger entsteht der Eindruck, man halte ihn wohl für käuflich.

Unangenehm finden die Überschütteten das Gefühl, sich nicht revanchieren zu können. »Das ist, als hätte man Schulden.«

Ansatzweise vorhandene Sympathie schlägt in Ablehnung um, und dabei war alles vielleicht nur ungeheuer nett gemeint.

Vielleicht − denn gar nicht selten folgt dem Komplimentefeuerwerk bald das Inkasso: »Ich war so nett zu dir! Nun bist du dran mit der Gegenleistung!«

Als wenn Komplimente ein Geschäft wären! Noch dazu eines, in dem einseitig die Wechselkurse festgelegt werden. Hier muß offenbar jemandem der Kopf gewaschen werden − auch innen!

Ganz egal, ob Gegenleistungen verlangt werden oder man nur fahrlässig das Gefühl erzeugt, nun wäre die andere Seite an der Reihe: auch die schönsten Komplimente verlieren genau in diesem Augenblick ihre Magie.

Vorsichtige Reaktionen – schlechte Erfahrungen

Viele Frauen reagieren reserviert auf Komplimente, weil sie meinen: »Wenn man Männern den kleinen Finger hinhält, nehmen sie gleich den ganzen Arm.«

Sie hatten unter Männern zu leiden, die charmante Antworten als Aufforderung zur Aufdringlichkeit mißverstanden. Verständlich, wenn diese Frauen sich sagen: »Lieber keine Komplimente, als so einen Pattex-Typ nicht mehr loswerden können.«

Was nützt es einem zivilisierten und sensiblen Mann dann noch, wenn er betont: »Ich bin anders.« Genau das sagen alle – und die Schlimmsten am lautesten! Seine einzige Chance besteht darin, zu anderen Frauen und Männern charmant zu sein und damit deutlich sichtbar vorzuführen, daß es ihm tatsächlich nur um das Klima geht.

Noch mal: Wer ein Kompliment macht und noch nicht weiß, wie sein Empfänger oder seine Empfängerin zu ihm und zu seiner Sympathiebezeugung steht, sollte keinen Zweifel daran lassen, daß er
- keine Gegenleistung erwartet,
- keine unlauteren »Ziele« verfolgt,
- sich auf Wunsch weitere Komplimente verkneift,
- nur so »persönlich« wird, wie man ihm erlaubt.

»Genauer bitte!«

»Wenn ein Mann mir sagt, er findet mich wahnsinnig interessant, dann will ich wissen, *was genau* ihn so an mir fasziniert.« Silvia, 32, liebt es, nachzuhaken und charmante Männer auf die Probe zu stellen. »Ist das echt, oder war das Spruch?« Also fragt sie ihn und amüsiert sich bestens, wenn er ein bißchen ins Schwimmen kommt.

Ihre Nachfrage gibt dem Charmeur reichlich Gelegenheit, Detailbeobachtungen und Kreativität zu neuen Komplimenten zu verschmelzen. Was heißt *Gelegenheit*? Er *muß*!

Die einen – die mit der Masche und den Sprüchen – stottern sich Schritt für Schritt weiter ins Aus. Über einen solchen »Fall« erzählt Silvia: »Ich fragte also, wieso er mich für so intelligent hielte. Er brachte er nur Blabla raus. War einfach ein Schleimer, und nicht mal das konnte er vernünftig.«

Für die anderen bietet sich eine willkommene Gelegenheit, um von Kompliment zu Kompliment »besser« zu werden.

Silvia über einen solchen Kandidaten: »Ein eher Unscheinbarer. Sympathisches Gesicht. Aber Durchschnitt. Er hat ein wenig überlegt und dann was sehr Süßes über den Klang meiner Stimme gesagt. Da habe ich spaßeshalber weitergefragt, und dann ist er richtig in Fahrt gekommen. Als wenn der Korken von der Flasche war. Ich habe noch nie so viele tolle Komplimente hintereinander gekriegt.«

Die spielerische Ablehnung

»Wie ernsthaft ist sein Interesse an mir wirklich? Will er tatsächlich eine persönliche Beziehung zu mir? Oder will er mich nur schnell rumkriegen, um seinen Spaß zu haben?«

Er *behauptet* zumindest das Edelste, und nun wird der Galan durch spielerische Ablehnung aufgefordert, Kostproben seiner Aufrichtigkeit und hartnäckiges Interesse zu beweisen.

Ein Beispiel:

Er: »Du hast so schöne Augen.«
Sie: »Das sagst du jeder.«

Nach dieser Provokation muß der Mann nun intelligent leugnen und begründen, warum die Empfängerin seines Komplimentes so besonders, so anders als die anderen ist.

Eine etwas andere Richtung nimmt das Gespräch in folgendem Fall:

Er: »Du hast so schöne Augen.«
Sie: »Stimmt gar nicht. Ich sehe heute scheiße aus.«

Diese trotzig ablehnende Reaktion stellt den Mann vor die Wahl, sich entmutigen zu lassen oder seine Sympathie und sein Interesse mit weiteren Komplimenten zu belegen. Außerdem muß er durch eine charmante »Tröstung« zeigen, daß er auf die Gefühle einer Frau eingehen kann.

Wenn zwei sich lange kennen, treibt dieses Spiel die seltsamsten Blüten, so z. B. bei Gritt, 29, und Stefan, 28. »Ich hab deinen Blick genau gesehen! Jetzt komm mir bitte nicht schon wieder mit deinen Schmeicheleien von wegen meines schönen Rückens, nur weil ich dieses Kleid trage.«

Natürlich läßt Stefan sich nicht abhalten.

»Das ist bei ihm wie mit den Leuten, die einen fragen, ob man den Witz mit dem Krokodil schon kennt, und wenn man dann sagt, man möchte ihn auch gar nicht hören, dann legen sie erst recht los.«

Gritt muß allerdings zugeben, daß sie sich dann doch immer über die Schmeicheleien freut.

Was mich erstaunt hat: Die beiden sind nur Arbeitskollegen und hatten nie was miteinander.

Die ernste Abfuhr

»Der Typ war mir einfach unsympathisch«, erzählt Yvonne, Bürokauffrau, über die Bemühungen eines Konstrukteurs aus dem Nachbarbüro. Seine Kompli-

mente änderten nichts an ihrer Ablehnung. Sie hat sie
alle ignoriert. »Von mir kam kein Lächeln, kein Danke, nichts.« Aber das hat er nicht verstanden.

Also fuhr Yvonne andere Geschütze auf: »Meine
nächste Idee war, ihm blöde Antworten zu geben.«
Sie tat es. »Da kam das nächste Mißverständnis. Sagt
er doch glatt: ›Was sich liebt, das neckt sich.‹«

Dann wurde sie eindeutig: »Am Schluß blieb mir
echt nichts anderes übrig«, sagt Yvonne, »als ihm unter vier Augen ganz ernst zu erklären, hör zu, ich will
deine Sprüche nicht, und das meine ich auch so. Tu
mir einen Gefallen und verschone mich damit. Erst
dann war Ruhe.«

Einige Männer leiden unter der Zwangsvorstellung,
eine Frau meine tendenziell eher ja, wenn sie nein
sagt. Viele Frauen zeigen unglaublich viel Geduld mit
solchen »Fällen«, weil sie immer hoffen, daß ihre diplomatischen Erklärungen verstanden werden. Wenn
sie − etwas spät − Klartext reden, sind die betroffe-
nen Männer beleidigt, und manche meinen, Stolz und
Ehre nun mit kindischen Racheaktionen wiederher-
stellen zu müssen.

Andererseits erleben Männer immer wieder, daß
eine spröde Haltung auf seiten der Frau nicht unbedingt Antipathie bedeuten muß.

Harald, 36, erzählt, wie sich die Beziehung zu seiner jetzigen Frau entwickelt hat:

»Sie hat mir lange Zeit die kalte Schulter gezeigt.
Meine Komplimente kamen bei ihr nicht an. Jedenfalls sah es so aus.« Den Hauptgrund glaubt er zu
kennen: »Ich hatte einen denkbar schlechten Ruf als
Frauenheld. Völlig zu Unrecht, übrigens.«

Heute weiß er: »Sie fand mich schon immer ziemlich gut, aber sie wollte halt nicht mit ›so einem‹.«

Aber Harald war hartnäckig. »Ganz langsam gab
sie diesen Widerstand gegen mich auf. Wir konnten
richtig miteinander reden. Zum Glück.«

Provokationen und Streit

»Das Kleid steht dir gut«, sagt Klaus.

Michelle ist sich nicht sicher, ob er das wirklich meint oder es nur so dahinsagt, um seine Ruhe zu haben. Also hakt sie nach: »Wieso findest du, daß es mir gut steht?«

Klaus bleibt wenig Bedenkzeit. Wenn ihm spontan nichts einfällt, rettet er sich vorübergehend mit einer Rückfrage: »Wieso fragst du?«

Das klingt weder sicher noch elegant. Besser wäre: »Das Kleid unterstreicht alle deine Stärken.«

Darauf Michelle: »Welche?«

Charmant listet Klaus Michelles Stärken auf.

Plötzlich kippt die Konversation ins Gefährliche. Michelle fragt nämlich: »Und welche Schwächen überdeckt es?«

Wie soll Klaus diese Provokation charmant parieren? Wie soll er sich aus der Affäre ziehen? Oder *soll* er jetzt einen »Fehler« machen, weil Michelle sich streiten will?

Klaus versucht es mit einer diplomatischen Gratwanderung: »Besitzt du Schwächen?«

Michelle hört aber eine Provokation aus diesen Worten heraus.

»Das war doch nur ein Witz.«

Zu spät.

Ja, das könnte ein handfester Streit werden.

Noch schneller erreicht der geladene Partner 180 nach diesem geradezu »klassischen« Muster:

Sie: »Wie gefällt dir das?«
Er: (unschlüssig, weiß nicht, was sie meint) »Was denn?«
Sie: »Siehst du das nicht?«
Er: »Äh, nein.«
Sie: »Da sieht man mal wieder, wie wenig du dich für mich interessierst.«

Eine letzte, ebenfalls sehr häufige und gefährliche Situation:

Sie: »Wie gefällt dir das?«
Er: »Gefällt mir gut.«
Sie: »Das sagst du nur, weil ich es hören will.«
Er: »Es gefällt mir *wirklich* gut.«
Sie: »Du lügst. Du hast keine eigene Meinung.«
Er: »Naja, du hast schönere Kleider, aber es gefällt mir trotzdem gut.«
Sie: »Du opportunistisches Arschloch.«

Nach derartigen Kostproben von Streitlust und negativer Einstellung braucht man sich nicht zu wundern, wenn die Komplimentneigung des Partners rapide sinkt.

Tips: Charmant auf Distanz halten

Wie einladend kann man reagieren, ohne sich zu irgend etwas zu verpflichten? Wie spröde darf man sein? Wie deutlich muß man werden, um auch von unsensiblen Zeitgenossen verstanden zu werden?

Ich fragte meine Gesprächspartnerinnen, und sie hatten folgende Tips für Frauen:
* Man sollte lernen, locker und leicht zu kontern.
* Charmante Distanzierung üben – in sich steigernden Härtegraden bis hin zur charmanten Abfuhr, falls Charmeur unbelehrbar.
* Das Problem der Verpflichtung offen ansprechen: »Ich genieße, aber ich werde mich nicht revanchieren.«
  Männern schrieben sie folgendes ins Stammbuch:
* Sensibel die Grenzen erkennen, innerhalb derer sich eine Frau von Komplimenten und Charme bedrängt und nicht mehr nur geschmeichelt fühlt.